Für Hertha

von

Maria-Luise

15. Okt. 1994

Brigitta Lipold

WENN DIE ZUNGEN FLAMMEN

Extatische Worte der Liebe

Wenn die Zungen flammen

Extatische Worte der Liebe
Gebete und Bilder
von
Brigitta Lipold

24 Bilder
von
Brigitta Lipold

Umschlaggestaltung
Brigitta Lipold

ISBN 3 - 9500 042 - 6 - 2
Printed in Austria
by Druckerei Denkmayr
Linz

Brigitta Lipold

WENN DIE ZUNGEN FLAMMEN
Extatische Worte der Liebe

Gebete und Bilder

Verlag el MuTaMaKu

GEHEIMNIS DES LEBENS

Es gibt eine Finsternis
die keine Finsternis an sich
sondern von uns aus ist
und das ist das immerwährende Licht
das allen Leuchtenden leuchtet
und Finsternis heißt
weil es unfaßbar ist
und alles Unfaßbare ist für den
der es nicht fassen kann
Finsternis
und ist es auch das große Licht

Rabbi Isaak von Akko

EINLEITUNG

Ich freue mich, daß du dieses Gebets-Bilder-Buch aufgeschlagen hast. Ich lade dich ein, mit mir eine Reise in die Wunderwelt der Freude und der Liebe zu machen.

Die Texte und Gebete in diesem Buch sind Dokumente meiner persönlichen Erfahrungen mit einer Dimension, die unser Dasein auf der Welt bereichert und von innen nährt. Ich nenne sie GEBETE, weil sie eben diese spirituelle Dimension unseres Lebens ansprechen. Es sind Texte, die inspirieren wollen, ermutigen und auffordern, die Schritte in die Welt der Freude, Liebe und Einfachheit zu gehen. Wir können uns dafür entscheiden, wenn wir wollen, und es werden sich ungeahnte Räume öffnen.

Mein persönlicher Erfahrungsweg, aus dem die Gebete entstanden sind, ist unter anderem das Rebirthing, eine moderne und zugleich uralte spezielle Atemweise, die sehr behutsam feine Wirkung erzielt und dadurch sehr kraftvoll heilen kann. Rebirthing war und ist mir einer der wichtigsten Wegbegleiter in die Welt jenseits unseres verstandesmäßigen Denkens, hinein in Räume der Freude und Fülle, des Glücks, der Liebe und des Friedens ....*

Meine Gebete sind bewußt einfach formuliert - wenige Worte, die immer wiederkehren wie Mantras, die auftauchen aus den Wassern der Seele. Es lohnt sich, sich auf diese Einfachheit einzulassen. Die Zen-Lehre sagt: "Die Wahrheit ist immer einfach. Aber nur wenige Menschen kennen sie, weil die meisten sich nur auf Kompliziertes einlassen wollen."

Die Worte sind - einfach - aufgestiegen aus dem Ozean der Atemenergie. Ich hielt ihnen meine leeren Hände entgegen und fing sie auf.

Wenn wir sie langsam auf der Zunge zergehen lassen und ihnen Zeit schenken, können sie zu schwingen beginnen und sich entfalten und uns tragen auf ihren Schwingen.

Glücklich-sein ist so unfaßbar einfach! Lieben ist so unfaßbar einfach, daß wir uns oft schwer tun, dieses einfache Sein zu leben. Es erscheint uns oft zu wenig und ist doch alles !

Wagen wir - einfach - glücklich zu sein, zu lieben !
Wagen wir
einfach zu sein
Wagen wir einfach
zu sein

DIE BILDER

Wir kreisen und kreisen seit urdenklichen Zeiten um unser Zentrum. In Spiralbewegungen immerwährender Entwicklung kommen wir unserem Selbst näher; von außen nach innen wachsen - ein Suchen nach unserer Wahrheit. Je näher wir der Mitte kommen, umso dringlicher wird die Frage: Sind wir wildes Feuer, fegender Sturm, zarter Gesang, ein strahlendes Licht, ewiges Werden, All-einiges Sein ? Und dann sind wir angekommen. Mit einem erleichterten JA im Herzen winden wir uns wieder in ewigen Spiralkreiseln nach außen, - wachsen. Mit jedem Ent-wicklungskreis tragen wir die Botschaft des JA hinaus - die Antwort auf unsere ewigen Fragen. Und dieses Himmlische Empfinden gebiert sich in die Welt der Dinge hinein, "...und unerwartet wird die Erde göttlich werden ...,... Schönheit wird den Widerstand der Welt bezwingen, das Licht die Natur erobern und Gottes verstohlener Schritt die Herzen zur Seligkeit beflügeln ..." *

Die farbigen Kalligraphien sprechen von dem, was in Worte kaum faß-bar ist. Die Schriftzeichen sind teils originale chinesische Schriftzeichen, teils lateinische Buchstaben, teils frei-schwingende Energie-Schrift-Linien. Die Kalligraphie, die große Kunstform Chinas, auf meine persönliche Weise verwendet, ist mir ein wunderbares Medium, in der optischen Darstellung eine Annäherung an das zu unternehmen, was un-faß-bar ist. Wir Menschen haben eine große Sehnsucht, das in Bild und Wort zu kleiden, was wir Gott, TAO, den Großen Geist, die Universelle Liebe, das Geheimnis des Lebens nennen.

Die TAO-Spiralmandalas sind Betrachtungsbilder, Bilder zur Einkehr und Versenkung in uns selbst; Meditationsbilder, die uns darin unterstützen, uns auf unseren inneren Wesenskern zu konzentrieren. Die Bilder enthalten die Symbolik des Mandala-Prinzips und der Spiralbewegung. Das Wort Mandala* stammt aus dem Sanskrit und bedeutet "Kreis" und "Zentrum". Es ist eine Urform, die zu den ältesten Symbolen der Menschheit zählt und in jeder Kultur, auf jedem Kontinent der Erde zu finden ist. Das Mandala ist ein Bild, das sich aus einem Mittelpunkt heraus entwickelt wie das Aufblühen einer Blume. Dieses Prinzip finden wir überall, in den makro- wie mikrokosmischen Formen der Natur. "Manda-la" bedeutet auch "die Essenz ergreifen"*. Somit ist das Mandala ein psycho-kosmisches Diagramm, das die Universelle Einheit und die Wechselwirkung von Mensch (Mikrokosmos) und Universum (Makrokosmos) zeigt und erfahren läßt.

Die Spirallinien meiner Mandalas verstärken diese Bedeutung des Mandala-Prinzips. Das Symbol der Spirale* hat die Bedeutung des Entwicklungsweges allen Lebens schlechthin. Die Spirale mit ihren ewigen Zyklen des Sich-nach-innen-Kehrens und des Nach-außen-Wirkens stellt die Verbindung her zwischen innen und außen, zwischen dem einzelnen Menschen, der Gemeinschaft und Gott, zwischen Stille (Entase) und Extase.

Die Spirallinien entstanden wie Schwingungswellen, die von den Kalligraphien ausgehen und diese zugleich dynamisieren.

Die Wörter und kurzen Sätze in den Bildern können mantrische Wirkung entfalten, wenn wir sie länger betrachten und innerlich sprechen. Ein Mantra* ist eine Silbe/ ein Wort/ ein Satz mit göttlicher Kraft; ein Ur-Wort, das die Essenz der Wahrheit vermittelt. Durch oftmalige Wiederholung dieses Wortes, dieses Satzes können wir in Kommunion treten mit dieser Essenz des Lebens und sie *in* uns zur Wirkung bringen. Dies ist eine Form des Betens. Ein Mantra, ein Gebet breitet seine schützenden Fittiche über uns aus. Die Wirkung des Mantras beruht auf seiner harmonisierenden Schwingung - seiner Tonschwingung, wenn wir es laut sprechen oder singen, aber auch auf seiner feinstofflichen Energie, wenn wir die Worte der Kraft im Geist wiederholen. Mantrapraktiken finden wir in allen Religionstraditionen, auch im Christentum. AMEN ist ein Mantra. Es hat seine direkten Wurzeln im Urwort OM - dem heiligsten aller Mantras - , dem allumfassenden Namen für "Gott" in seiner Ausdrucksform als Schöpfer, der die Welt aus dem kosmischen Urklang erschafft. Die Keimsilbe OM ist das meistverwendete Gebet auf der Erde.

Jedes Gebet, das ehrlichen Herzens gesprochen, gesungen, meditiert wird, kann tiefe Verbundenheit mit dem All-Einen, der Universellen Liebe, mit Gott und allen Wesen der Schöpfung erwirken.

Ich bete

Sich in der heutigen Zeit zum Beten zu bekennen erfordert Mut. Viele Erinnerungen aus der katholischen Erziehung in Familie, Schule, Gemeinde etc. werden aktiviert. Je nach diesen Erfahrungen kann man Ablehnung, Verwunderung oder erstauntem Schweigen begegnen.

Ja. Ich bete. Auf dieser abenteuerlichen Reise in die Welt und Erfahrung des Betens habe ich neue Pforten der Wahrnehmung entdeckt.

Dina Rees, die bewundernswerte Frau und Heilerin, sagt ganz selbstverständlich einfach: "Gebet ist ein Naturgesetz, ein großes Kraftfeld, das die Verbindung zwischen den Menschen und Gott ist." Gebet heißt Erfahrung und Bewußtsein. Gebet ist ein Akt der Liebe. Es ist eine Begegnung mit allem, eine Rückbindung "re-ligio" zur Quelle von allem, zu Gott.*

Was bedeutet "Gott", und wen meine ich, wenn ich in den Gebeten DU sage ? Mit dem Wort "Gott" bezeichne ich eine Dimension, ein absolutes ES, das alles Seiende durchwirkt und der Motor für alles Materielle ist, selbst jedoch auch jenseits davon existiert. Die Chinesen nennen ES das TAO, den Weg, den Sinn, die Wahrheit. Es bleibt in seiner transzendenten Form für unser menschliches Denken unfaßbar, aber in seiner immanenten Form, die alle Atome des Universums durchdringt und sich im Menschen und in der Natur offenbart, ist ES uns nahe - "Interior intimo meo, mir näher als mein Innerstes"(Augustinus) - und daher erreichbar. In der hinduistischen Religionstradition wird dieser innewohnende Gott durch die Shakti, das weibliche Prinzip, die immanente Mutter, symbolisiert. Sie überwacht die Wege der Menschen und die Entwicklung der unendlichen Schöpfungszyklen. So kann sich das Transzendente/Unpersönliche in persönlicher/immanenter Form offenbaren, und so kann der Mensch mit seinem Schöpfer in Verbindung treten. Ich spreche somit in den Gebeten mit dem DU die Kosmische Mutter an, die Mutter aller Dinge, die universelle weibliche Energie, das Prinzip des Empfangens und der Hingabe, die Göttliche Mutter des Christentums, die Shakti als die formgebende Energie, die die

Verbindung herstellt zwischen dem göttlich Absoluten, Ewigen, Unwandelbaren und uns Menschen und aller Materie.

Ich verstehe dieses DU als Anrede an die Kosmische Mutter als diejenige Energie, aus der wir geboren sind, aus der wir in unserer Essenz bestehen und zu der wir einst zurückkehren werden.

Mit der Göttlichen Mutter spreche ich auch meinen innersten Wesenskern an, den göttlichen Funken in mir, die weise Ratgeberin in mir, an die ich mich wenden kann mit all meinen Fragen, Zweifeln, Bitten und vor allem auch mit meinem Dank. Das heißt: Diese universelle weibliche Energie - die Göttliche Mutter - ist nicht nur um uns, sondern auch in uns - in jeder Frau, in jedem Mann.

So betrachte ich Gott in seiner uns Menschen erfahrbaren Dimension als weibliche Energie. Und dieses weibliche Prinzip in uns haben wir weitgehend verkümmern lassen. Durch die Kultivierung unseres Intellekts gingen uns nach und nach diejenigen Dimensionen verloren, die jenseits unseres verstandesmäßigen Begreifens liegen. "Was wir nicht sehen können, nicht messen können, nicht beweisen können, existiert nicht." Durch dieses vom Verstand gelenkte Denken schnitten wir uns zunehmend von den göttlichen Kräften des Weiblichen ab, z.B. von der Fähigkeit der direkten Erfahrung der Wirklichkeit durch Intuition. Wir fanden Gott nicht mehr.

Was meine ich mit dem weiblichen Prinzip? Für mich ist es dies: weiblich umfassend wie die Erde, weiblich weit wie der Himmel; es ist das Unfaßbare, das jede Form durchwirkt, das Geheimnis des Lebens. Wir Menschen können dies nicht mit unserem denkenden Geist erfassen, sondern mit unserer spirituellen Hingabe und unserer Bereitschaft zu empfangen. Es ist die immerwährende, pulsierende Vital-Energie, in der wir leben - in der wir "baden". Wir können sie in ihrem freien Fluß als Schönheit und Harmonie, ureigene kreative Schaffenskraft ...... als Liebe und Extase erfahren.

Liebe ist die Ärztin des Weltalls. Sie ist mehr als ein Gefühl. Sie ist eine Geisteskraft. Sie ist Trägerin der universellen Heilungsenergie. Im Gebet können wir diese machtvolle Schwingung der universellen Liebe in Gang setzen. Wir schwingen uns durch Gebet ein auf eine höhere Frequenz. Indem wir dies tun, baden wir in kosmischer Heilungsenergie; und wir werden verändert - für immer. Und das macht

Spaß und ist ein schöpferischer Prozeß. Wir können dabei wieder wie ein Kind werden, wenn wir uns in diese Art von Gebet vertiefen - spontan, offen, fröhlich, kreativ, furchtlos, unvoreingenommen, erfüllt von der Begeisterung über dieses wundervolle Leben.

Gedanken der Liebe erwecken und stärken die Lebensenergie, ja sie bringen Leben hervor, erneuern die Zellen im Körper, harmonisieren und bringen Frieden in Geist und Körper.

Extase ist jener Augenblick, in dem wir bereit sind, herauszutreten aus dem Gewohnten, all unsere bisherigen Erfahrungen loszulassen und einzusteigen in etwas völlig Neues, wofür es noch keine Denkkategorien gibt - hinein in die unfaßbare Grenzenlosigkeit unseres Seins, durchpulst vom immerwährenden Strömen der Liebe. Extase kann nicht durch ehrgeiziges Bemühen erreicht werden, sondern allein durch Hingabe - durch gelöstes Sich-Hingeben an müheloses göttliches Pulsieren, durch Rückkehr zu unserem Ursprung, in die Empfängnis, die extatischen Gotteskraft, die wir sind, die ICH BIN. Wir erweitern und verfeinern unsere Wahrnehmung und können dadurch in Erfahrungswelten vordringen, die uns normalerweise nicht zugänglich sind. Diese Extase schafft Einklang in Gefühl und Körper, zwischen Denken und Intuition. Indem sie diese vereint, ist es uns möglich, Denken und Intuition nicht mehr als einander konkurrierende Fähigkeiten zu betrachten, sondern sie als einander ergänzende ebenbürtige Partner zu nützen. Ihre extatische Versöhnung breitet sich aus als heilende Energieschwingung, die bis in unsere alltägliche Wirklichkeit hineinwirkt. Diese Erfahrung ist somit nicht an unseren Verstand gefesselt, sondern ist ein Vorgang des Empfangens und Verschmelzens mit strahlender pulsierender Liebesenergie.

Viele Menschen halten ihre Fähigkeit zu empfangen und zu verschmelzen auf einen sehr engen, meist nur körperlichen Erfahrungsbereich begrenzt, indem sie ihre Liebesenergie, die unsere Lebensenergie ist, weitgehend auf die sexuelle Ebene reduzieren. Öffnen wir uns jedoch dem Strömen der Lebensenergie, so kann die Liebesenergie aufsteigen und unseren ganzen Körper und unser ganzes Sein erfüllen. Empfangen wir sie in unserem Herzen, so können wir mit der höheren Dimension der Liebe verschmelzen. Dann kann sie mühelos überströmen auf alle Menschen und

Lebewesen, die uns umgeben. Liebe bleibt nicht länger auf einen geliebten Partner begrenzt, sondern vermehrt sich tausendfach, indem wir sie aus uns herausströmen lassen. Je mehr wir sie "verschenken", desto mehr strömt sie auf uns selbst zurück. Geben und empfangen werden eins. Ich empfange sie, indem ich sie gebe, und ich gebe sie, weil ich sie empfangen habe. Indem wir dies praktizieren, treten wir ein in unsere Multidimensionalität.

Gebet bedeutet im Sanskrit: "sich für wunderbar gemacht halten".* Durch das Beten nehmen wir Kontakt mit unserem schöpferischen Potential auf. Wir bejahen die Fülle unserer Fähigkeiten und nehmen sie als unsere Wahrheit an. Somit ist Beten nicht passiv und ein Bitten um etwas, was wir nicht haben, sondern es ist aktiv und läßt uns wahr-nehmen, wer wir tatsächlich sind. Dadurch ist Beten sehr machtvoll und energiegeladen und bewirkt eine Verwandlung. Es erweitert unsere Wahrnehmung und unser Bewußtsein für das Wesen aller Dinge und läßt uns das Leben aus einer neuen Perspektive sehen.

Beten beruhigt, ermutigt und belehrt. Beten "schaltet" uns ein. Es stellt unseren inneren "Empfänger" ein auf die stärksten Radio-Wellen des Universums, indem es uns mit der Gott-Energie verbindet und uns die Fülle von Gottes Segen aufnehmen läßt. Wenn wir beten, setzen wir unsere "Atomkraft" in uns ein - unsere innere Gottnatur. "Wir sind die Gegenwart Gottes."*

Beten ist auch eine Form des Denkens. Wir formulieren Sätze, die den freien Fluß unserer Lebensenergie bejahen. In diesem Anwenden von Bejahungen* können wir das Gefühl des Eins-seins zur lebendigen Erfahrung und immerwährenden Gewißheit werden lassen.

Beten bedeutet, daß wir uns dem Prinzip der Wahrheit öffnen, sodaß sie in unser Leben treten und dieses transformieren kann. Dies geschieht unabhängig von irgendeiner traditionell geprägten Gottesvorstellung. Das Gebet hält die Quelle der Wahrheit und Universellen Liebe offen, und unser individuelles Bewußtsein ist in Kontakt mit dem Höchsten Bewußtsein. Wir stimmen uns ein auf die Sphäre jenseits der materiellen Ebene. Was wir üben müssen, ist der Glaube - das unbeirrte Vertrauen, die innere Gewißheit - , daß es sich bei dieser Sphäre um eine tatsächlich erfahrbare Realität handelt. Wir müssen lernen, Wunder für möglich zu halten, und die realen

Wirkungen dieser Gedankenkraft und ihre Manifestationen im Alltag werden so klare Beweise liefern, daß "Glauben" nicht mehr notwendig ist, denn wir werden "wissen". Wunder werden zur realen Erfahrung mitten im Alltag.

Durch Gebet und Bejahung der Liebe können wir einen Liebesstrom erzeugen, der uns hilft, aus den verschiedenen Verstrickungen der Angst, des Ärgers, der Wut, des Neides, der Schmerzen, der Hilflosigkeit herauszusteigen und uns zu nähren mit Zuversicht, innerem Frieden und Reichtum, Freude und Begeisterung. Gedanken und Worte der Liebe wirken für uns selbst heilsam wie auch für alle Menschen, mit denen wir Kontakt haben. Was wir beten und bejahen, strahlen wir aus, und dies bewirkt auch eine Veränderung unserer Umgebung. So kommen nicht nur wir selbst in den Genuß der harmonisierenden Wirkung des Betens, sondern unsere ganze Umwelt wird dadurch bereichert, und unsere Lebensumstände werden einfacher schon allein dadurch, daß wir sie als wichtige Lernmöglichkeit und Herausforderung für unsere schöpferische Liebeskraft willkommen heißen.

Beten ermöglicht uns die Erfahrung, daß wir mehr sind als unsere Gefühle, mehr als unser Körper, mehr als unser denkender Geist. " Wir sind Ausdruck göttlicher Liebe. So sind wir das Licht der Welt."*

Meditation ist eine stille Form des Gebets jenseits der Worte, wobei jedoch die gleiche Verbindung zur Quelle der Universellen Liebe hergestellt wird. Die Betonung liegt hier auf dem "Stille-sein" und auf dem "Hören" auf die Stimme des Herzens, dem Zentrum unseres Inneren Meisters/ unserer Inneren Meisterin. Dieses "Stille-sein und auf die Weisheit/Wahrheit in mir Horchen" ist für uns westliche Menschen oft schwierig und will daher geübt sein. Viel zu schnell zieht uns unser Gedankenkarussell des grollenden/planenden/argumentierenden Egos in seinen Bann. Hören wir jedoch darauf, so können wir das leise Flüstern aus der Ewigkeit unseres Herzensgrundes nicht mehr vernehmen.

Hier kann uns das Betrachten eines Meditationsbildes dabei behilflich sein, unseren Geist auf einen Punkt zu konzentrieren - auf die Essenz unserer eigenen Mitte hin zu zentrieren. Durch ein Meditationsbild, das Aspekte unserer spirituellen Wahrheit zum Inhalt hat, können wir unsere Aufmerksamkeit immer mehr nach innen lenken

- hin zu unserem Zentrum, dem Wahren Selbst, dem göttlichen Licht in uns.

Meditation ist ein Wachsein, ein Wachsein für alles was IST. Wir öffnen unsere Sinne, öffnen unser Herz, und ein Strömen von innen nach außen und von außen nach innen beginnt. Ich bin eins mit allem. ICH BIN. Da verwandelt sich Konzentration in Kontemplation. Dies ist jenes Stadium, in dem wir unseren Körper kaum noch bewußt wahrnehmen. Wir werden absorbiert von einem Frieden, der sich selbst verströmt. "Gott ist der einzige Gedanke, einziges Ziel. Meine Gedanken sind Gott. Ich atme Gott. Ich liebe Gott."*

Und all dies - Beten und/oder Meditieren - ist erst möglich, wenn wir entspannt sind. Sich-Entspannen ist eine der ältesten Formen des Gebetes. Es bedeutet "lösen", lösen von Alltäglichkeiten, von Menschen, Dingen, Orten, Gedanken, etc. Entspannen hilft uns, unseren Körper als Tempel des lebendigen Gottes zu erkennen. Am Ende dieses Buches befindet sich der "Gruß an die Sonne", ein wunderschönes "Körper-Gebet" aus dem Hatha-Yoga.

Entspannen ist: sich nach innen wenden und im Körper beten. Beten ist daher auch immer: in den Körper spüren, in den Körper hineinentspannen. Und dies gelingt uns durch den Atem. Für mich ist der Atem der Anfang aller Dinge, der Anfang allen spirituellen Erlebens.* Entspannung gelingt, indem wir unserem Atem zuhören; ihn beobachten als innerer Zeuge; ihn einfach sein lassen und auf sein Strömen horchen und wahrnehmen, wie er kommt und wieder geht; aufnehmen und weggeben, zulassen und loslassen; und immer wieder tief durchatmen und dann strömen lassen. Hier und Jetzt. Wenn wir unserem Atem zuhören, sind wir uns unseres Atmens bewußt. Bewußtes Atmen ist eine wichtige Form des Betens. Man könnte jedes Gebet als eine Form des bewußten Atmens bezeichnen. Der Körper wird gereinigt, entspannt und wiederbelebt und die Seele beflügelt. Durch bewußtes Atmen verbinden wir Geist, Seele und Körper, vereinen wir das Göttliche in uns mit dem Göttlichen um uns. Auf den Schwingen des Atems werden wir getragen in die Freiheit, die wir ersehnen. Es ist eine Art von Freiheit, die uns neu sein wird, die jenseits des materiellen Überflusses in der Zufriedenheit der Einfachheit liegt. Es ist die Freiheit des unbeirrten, beständigen und furchtlosen Vertrauens, daß wir so sind, wie Gott uns erschuf, ausgestattet mit allen schöpferischen Fähigkeiten für unsere Selbstverwirklichung. Wir haben bereits alles - in uns. Denn wir sind Teil von Gottes Erlösungsplan und verbunden mit allen Aspekten der Schöpfung.

Atmen, Entspannung, Meditation, Gebet sind uns Reisebegleiter hinein in ungeahnte Welten des Glücks ....

Der Anfang liegt bei uns selbst
Dies ist unsere Schöpferkraft
Wagen wir zu strahlen, zu leuchten!
Getrauen wir uns zu vertrauen!
Wagen wir die Schritte
hinein
ins Atmende Leben
ins Heilungsbad
ewig strömender Liebe
durch Atmen
durch Meditation
durch
Gebet

Nimm dir Zeit
für dein Heil-WERDEN

Das ist das Einzige
was du
WIRKLICH
zu tun hast
Stelle alles andere in den Dienst
dieses Wunders

Beten

Wenn Worte aus dem Ozean der Glückseligkeit
sich ihren Weg bahnen
aus geöffneten Räumen
unseres Geistes
Wenn Worte aus den Schatzkammern unseres Seins
aufsteigen
wie rosa Seifenblasen
und unseren Körper durchwandern
und kitzeln wie zarte Daunenfedern
Wenn wir die Worte freigeben
frei
geben
dann werden Worte zu heilendem Balsam
verdichten sich
zur Essenz
unserer Sehnsucht
zum Ziel unseres Wesens
Wenn Worte zu Balsam werden
sind wir
Schöpfer
und
Geschöpf
EINS
ahnt ihr   wißt ihr
von eurer Kraft
ungebunden   frei liegen sie in euch   die Worte
nehmt sie   verwendet sie
die aus dem Ozean der Glückseligkeit kommen
sie sind für uns
wir brauchen sie

SAVITRI
DU Weisheit des Wortes
DU pure Energie
mit der DU
kraft Deines Göttlichen Auftrags alles Leben bewirkst
DU Botin zwischen dem göttlich Unwandelbaren
und dem durch Gott Wandelbaren
- den Menschen und allem Leben -
DU
Göttliche Mutter
DU wiegst in Deiner Bewegung die Rhythmen der Unsterblichkeit
Dein Lächeln und Dein Blick wecken himmlisches Empfinden
DU verströmst jenseitige Schönheit in der Menschen Leben
Dich weithin selber geben ist Dein angeborenes Handeln
Dein Edelmut gleicht dem des Meeres oder dem des Himmels
und umgibt mit seiner Größe alle die da kommen
und schenkt das Gefühl von einer höheren Welt
Dein Herzensüberschwang ist die Ausgeglichenheit des Himmels
An Deinem Busen kann ich wieder Ruhe finden
wenn meine Seele fliegt und einem gejagten Vogel gleich
mit müden Schwingen der stürmischen Welt entkommen will
Dein Schoß ist ein sicherer Hafen mit herrlich sanftem Ausruhen
und ich kann wieder Leben trinken in Strömen von Honigfeuer
und die verlorene Gewohnheit echter Freude zurückgewinnen
und die wunderbare Umgebung Deines strahlenden Wesens fühlen
und neue Lebensfreude schöpfen in Deiner Wärme und Farbigkeit
Die Tiefe Deines Mitgefühls ein verschwiegenes Heiligtum
ist Deine innere Hilfe und schließt ein Tor zum Himmel auf
Weiter als das Universum ist die Liebe in Dir
In Deinem Herzen kann die ganze Welt Zuflucht finden
denn selbst Deine Abgründe sind Herrlichkeiten von Licht
DU bist zugleich die Stille und das Wort
Gefäß für jenen Frieden der sich selbst verströmt
Ein Meer von jungfräulichem Feuer ... *

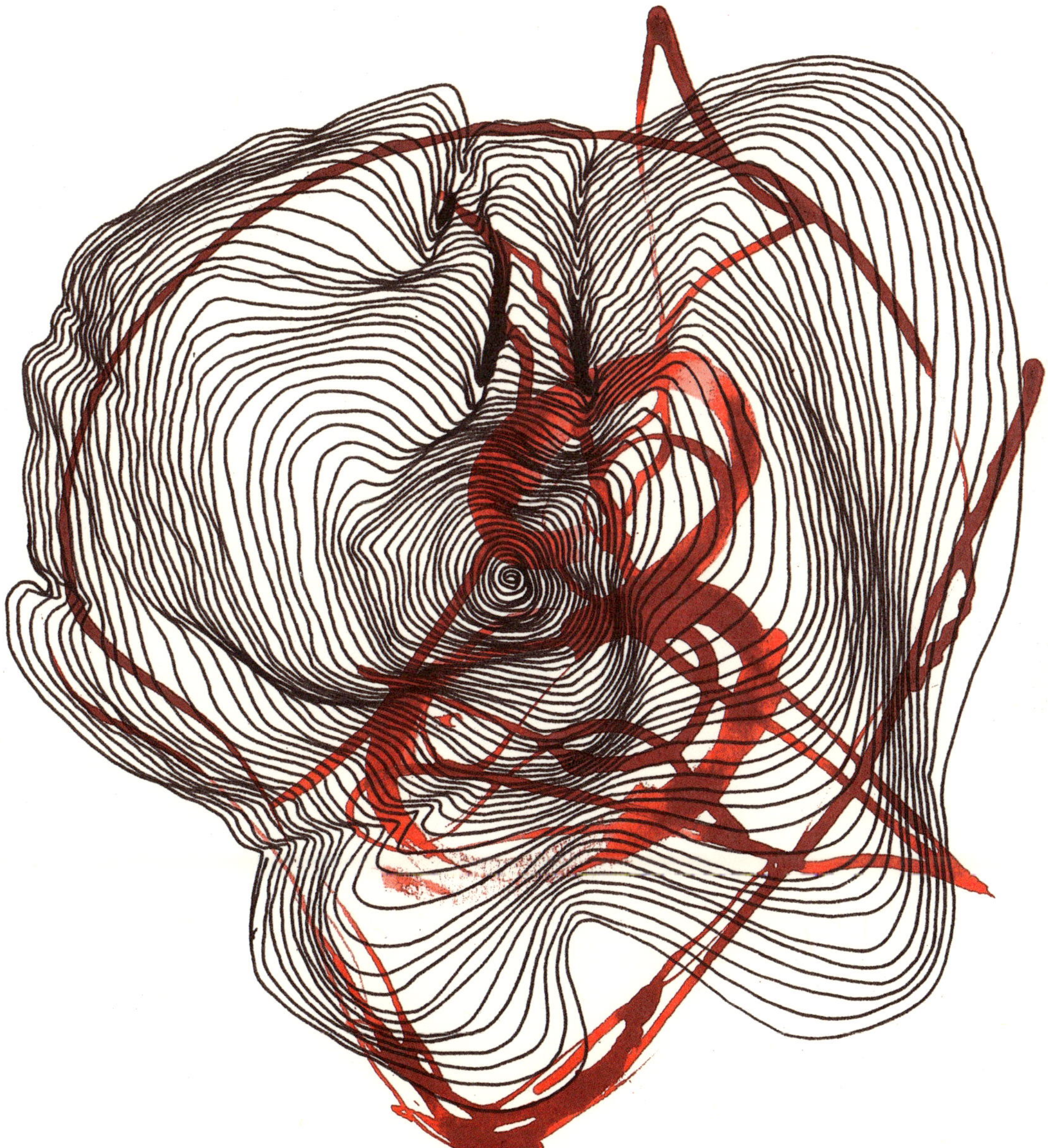

schattenlos
sinkt
die Zeit
ins Formlose
zurück

ich
höre
im Absinken
in die Zeit hinein
die zarten Klänge
meiner Seele

zurück
ins Formlose
die Zeit
sinkt
schattenlos

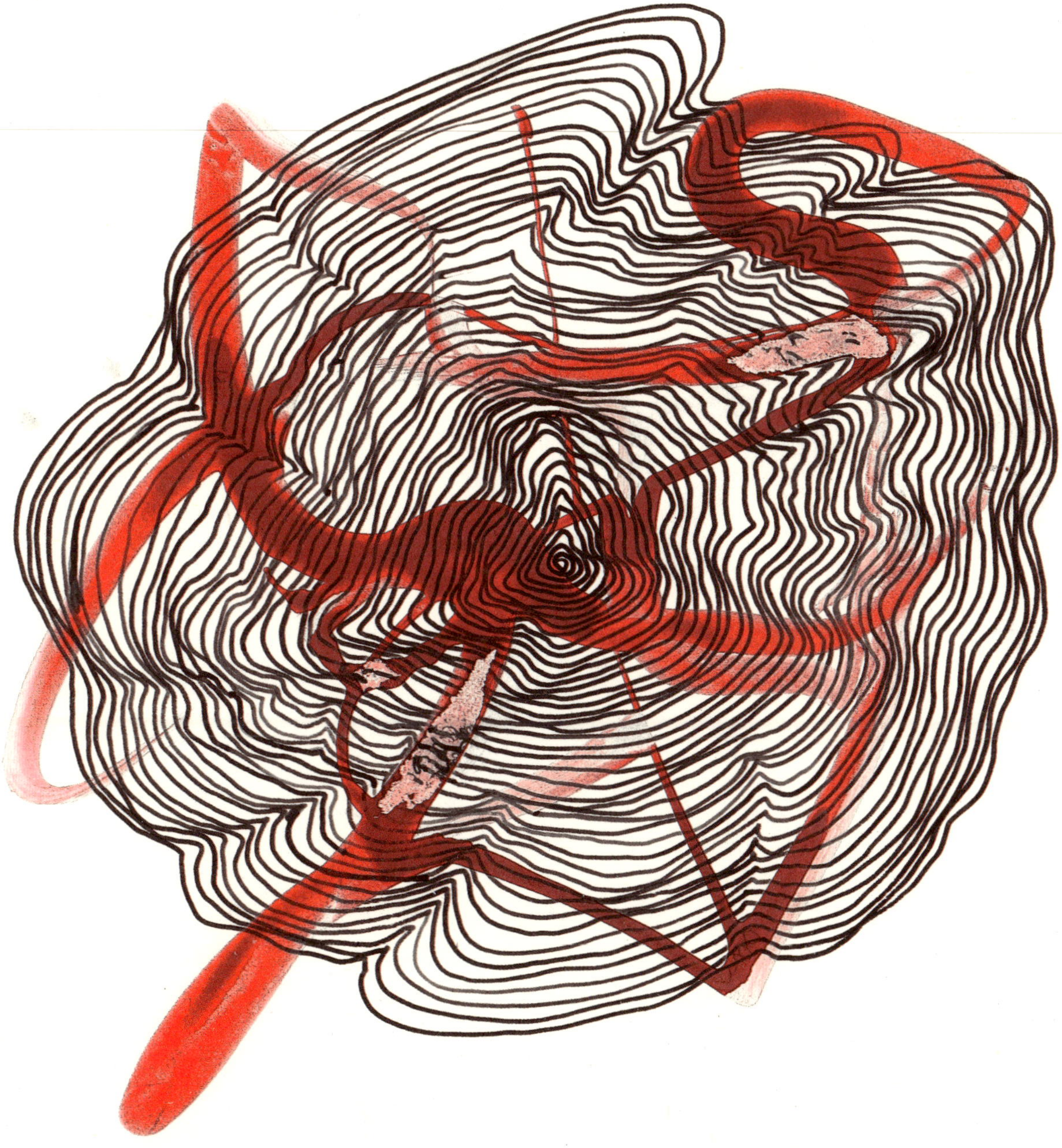

Zurück tritt die Vergangenheit
in der ich
rebellieren mußte
gegen alles mögliche
gegen dumpfe Gewohnheiten
gegen Macht und Verzweiflung
Ich mußte rebellieren gegen die Rebellion der Verweigerung
Ich kämpfte an   ergab mich   um auszuholen für weiteres Kämpfen
Unbändig war mein Widerstand
Hart war mein Urteil
und unersättlich war die Sehnsucht in meinem Herzen
WESEN-tlich zu sein
WESEN zu SEIN
Ich wollte WERDEN

Da öffnete sich die Zukunft
als ich - endlich - sagte:
ich gebe auf
I SURRENDER
Ich gebe mich hin
Da vollzog sich die Wandlung
unglaublich
und heiß ersehnt
Die Kommunion mit der Liebe begann
Sie durchdrang mich
durchwirkte
einem Netzwerk gleich
mein Leben
und trug mich
in Räume unermeßlicher Freude
I SURRENDER TO LOVE

losgelöst
von den Häuten des Egos
BIN ICH
weich wie Wasser
ohne fixe Vor-stellung
über die Form meines Werdens
denn
ICH BIN
inmitten der fruchtigen Blüte meines Seins
daheim
in der Intuition

die Grenze berührt
und durchdrungen
und eingetaucht
ins Licht

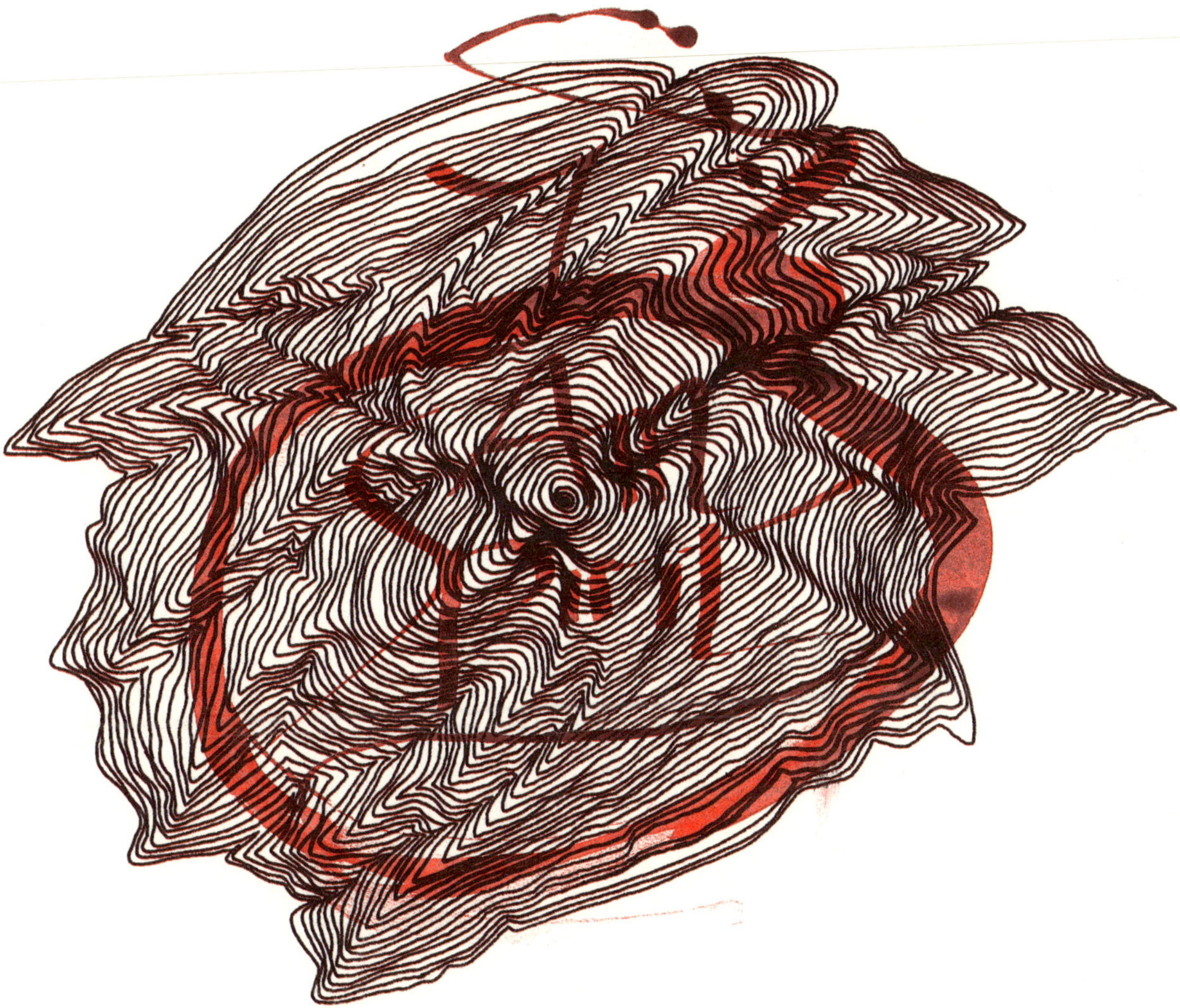

NIMM DEINE KRAFT UND GEH !

Nimm deine Kraft und geh !
Du bist nicht ausgesetzt und vom Leben bedroht !
Du bist so   wie Gott dich erschuf !
Du bleibst so   wie Gott dich erschuf !

Nimm deine Kraft und geh !
Du bist nicht lahm   behindert   begrenzt !
Vertraue auf die Göttliche Kraft in dir !
Groß ist die Liebe   die dich erschuf !
Groß ist die Liebe   die in dir wohnt !

Nimm deine Kraft und geh !
Die Welt braucht deine Kraft und deine Liebe !
Entfessle deine Kraft !
Geh mit der Liebe !
Du bist geführt von Göttlicher Liebe !

NIMM DEINE KRAFT UND GEH !

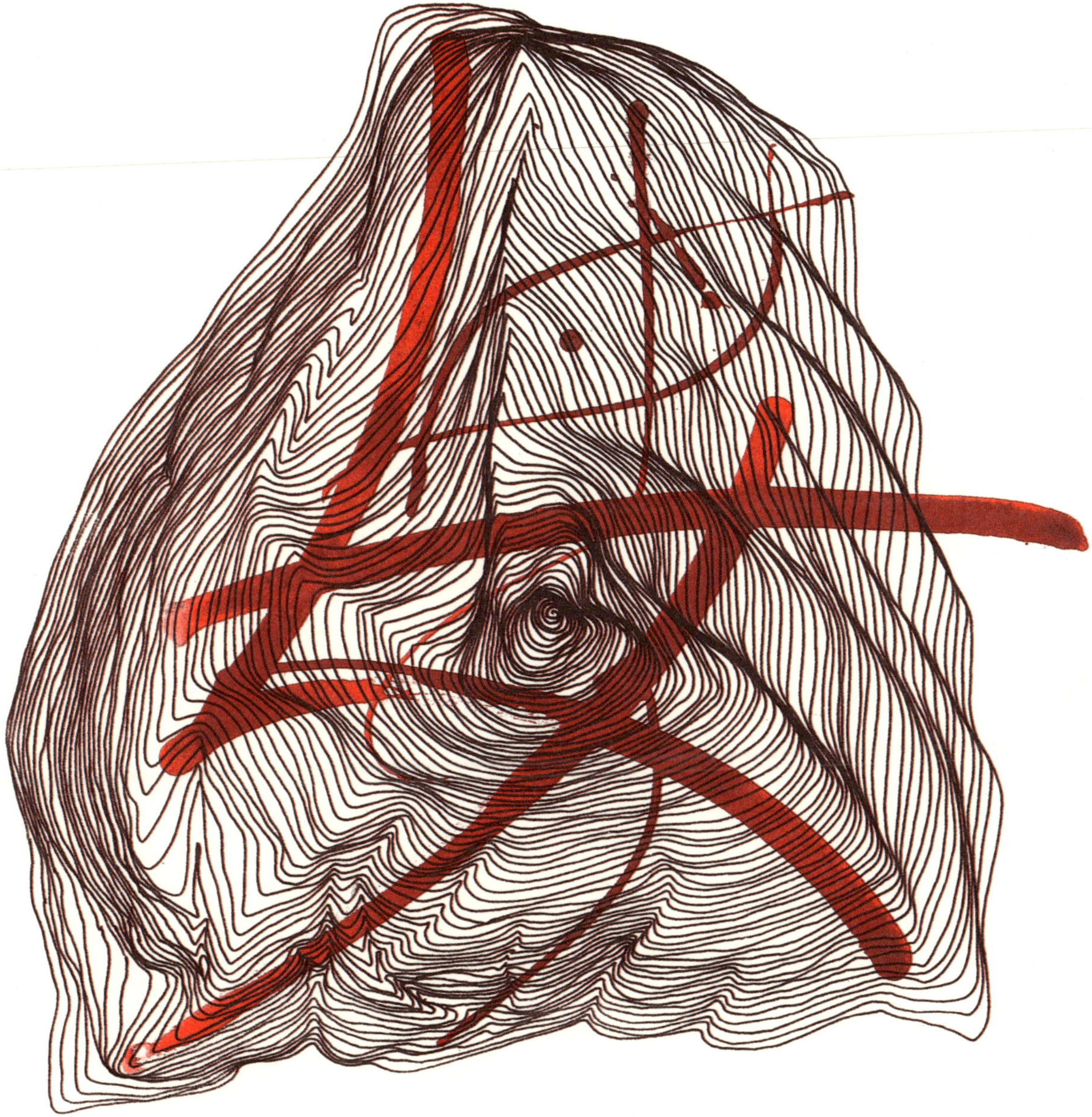

Die Vorhöfe unserer Schatzkammer
des immerwährenden Friedens
und der vollkommenen Glückseligkeit
sind die dunklen Folterkammern
unserer unterdrückten Gefühle
geknechtet, geschunden, gefesselt, verhungert
angekettet darben sie
und hoffen auf Freispruch

WANN ?

wenn nicht

JETZT !

Binde sie los entfessle sie
Öffne die Türen zu den verschwiegenen Verliesen
alter Emotionen
Atme hinein in diese faulige Luft des Schreckens
Die Kraft
und die Macht des Herrschers
liegen in dir
Beende die Folterungen deiner Sehnsucht
Tue es
JETZT
Nimm jedes deiner Gefühle an der Hand
trage es mit deiner Liebe hinaus
an die Sonne
liebkose es umhege es berge es in deinem Mitgefühl
beatme es
und anerkenne es
denn das ist dein Leben!

Verwandle dich

Wandle dich!
Wage den Schritt aus der gewohnten Angst
hinein in die gewonnene Gegenwart der Liebe
Deine Wandlung Wunder wirkt
bei dir
und allen die dir begegnen
Durchleuchte deinen Widerstand
Leuchte durch den Widerstand
Überlasse dich der Hingabe
Entzünde die Flamme deines Herzens
Erkenne das Geheimnis deines Wesens
Überschreite die Schwelle
hinein
in das Wandlungs-Wunder
hinein
in den extatischen Tanz deiner Liebesflammen
Atme ein den Mut zum befreiten Leben
Atme aus alle Wenn und Aber
Steig hinauf den Wandlungspfad
Schritt für Schritt
die Entscheidung zum
JA
Wirf ab das schwere Gepäck voll Sorgen und Mühen
Deine Ausrüstung ist allein
dein Atem
Das ist deine Nahrung
Wohlan!
Die Wandlungsreise in das Wunderland der Liebe
beginnt
mit deiner Entscheidung
zum ersten Schritt

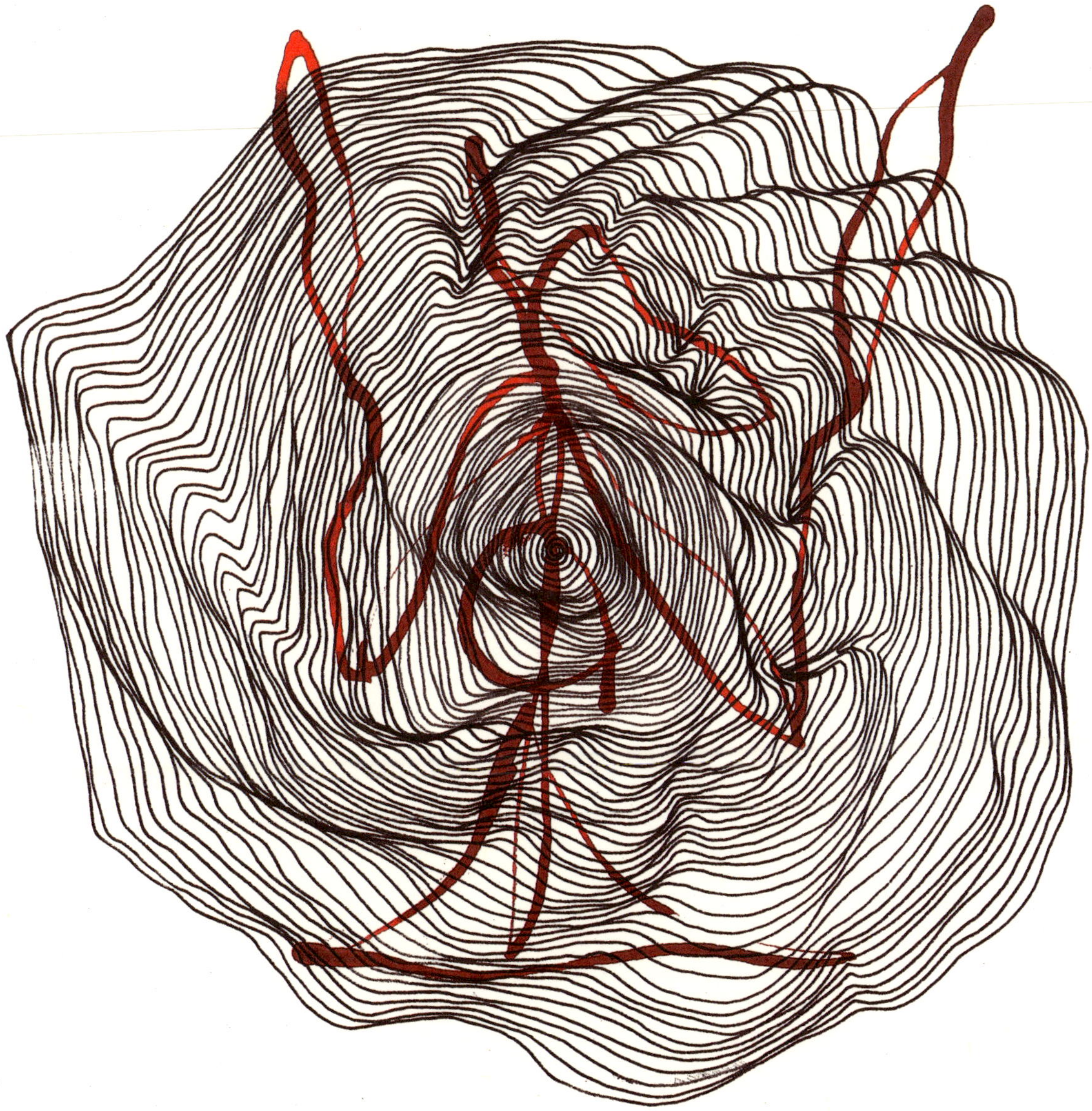

UND WENN DIE SEELE SINGT IST DIE LIEBE BEFREIT

Alle Last fällt von deinen Schultern
Höre auf den Klang deines Atems
Laß dich von ihm tragen
Mit jedem Atemzug nimmst du neues Leben auf
Mit jedem Ausatmen läßt du Altes los
ein immerwährender Kreis von Geben und Empfangen
Was du bekommst
ist für dich
Was du gibst
ist für dich
Geben und Empfangen sind eins
unteilbar

Alle Last fällt von deinen Schultern
Höre auf die Bewegung deines Atems
Dein Atem ist wie die Brandung des Meeres
Atme mit dem Meer
Atme mit der Brandung
Dein Atem trägt dich
Laß dich von ihm tragen
Du bist von seinen warmen Wogen umspült

Alle Last fällt von deinen Schultern
Höre auf die Musik deines Atems
Du kannst darin den Gesang deiner Seele hören
Tief und ernst wagst du die ersten Schritte ins Licht hinein
Sei in Ruhe und Vertrauen
Gehe auf den Grund der Welt
Finsternis wird dir begegnen
aber sie birgt das Geheimnis
Höre auf die Musik deines Atems
Du kannst darin den Gesang deiner Seele hören

UND WENN DIE SEELE SINGT IST DIE LIEBE BEFREIT

NIMM DIR ZEIT

Nimm dir Zeit
so gewinnst du Zeit !
Setz dich hin und wisse:
ICH BIN !
Horch --------!
Höre -------------------------!
Lausche ---------------------------------!
----------------!
Hörst du?
Das
flüssige Fließen des warmen Lebensflusses
das
Glucksen und Glänzen und Glitzern der goldenen Atemgirlanden
Höre auf das
sanfte Strömen deines Atems
Trink dich satt am hell sprudelnden Urquell allen Seins
Ins Lebendige dich fallen lassen
Im Hören
dich
sinken
lassen
in die Tiefe
deines Atemquells
hinein
in das Geheimnis
Hörst du ?
Lausche ---------!
Höre ---------------------------!
Horch --!
Nimm dir Zeit
so gewinnst du Zeit !
Setz dich hin und wisse:
ICH BIN !

...

lerne

die Leichtigkeit

EINES

fallenden

Blattes

verstehen

...

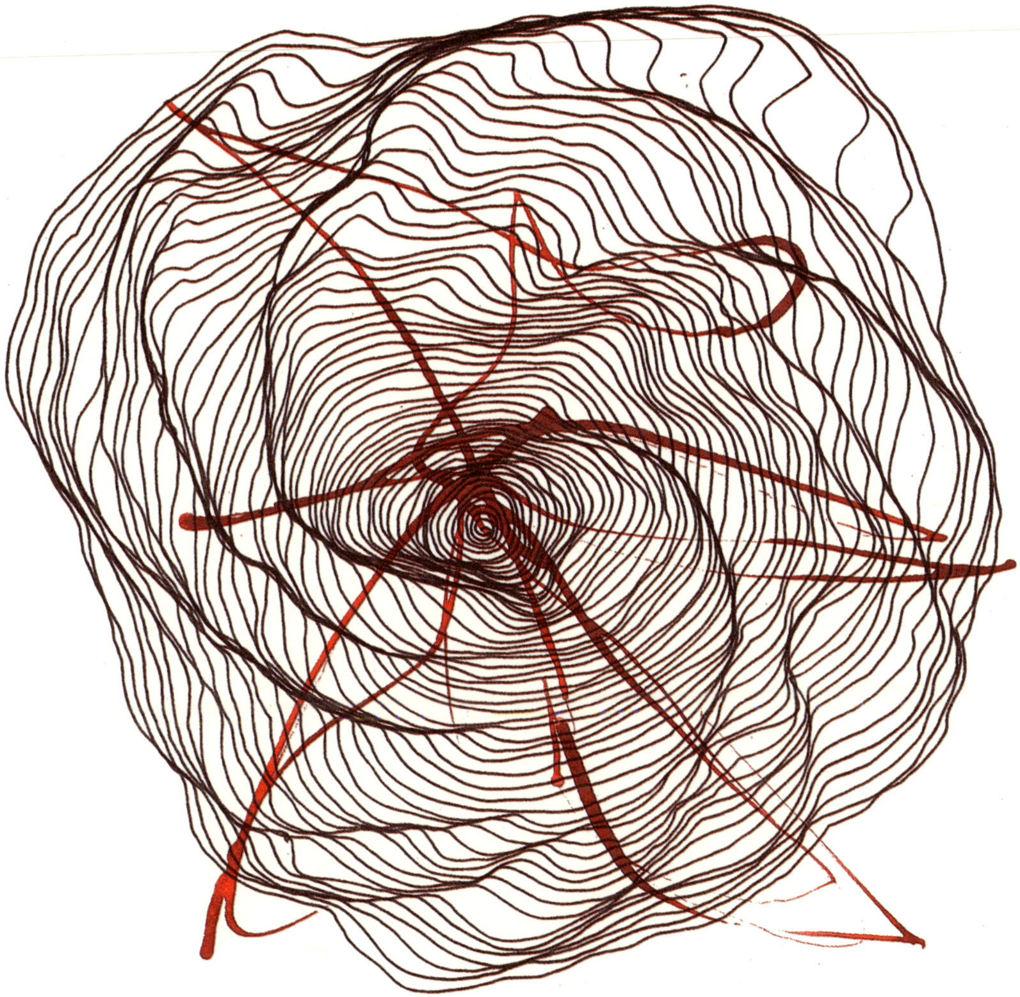

Ich falle in Deine Hände
voll beladen
mit meiner Last
und noch im Fallen schreie ich
Wer hält mich?!

Hältst DU mich?!
Bist DU bei mir mit leeren Händen
daß DU mich auffangen kannst
mich berühren?!

Ich falle in Deine Hände
und DU hältst dieses Fallen
unendlich sanft
in Deiner bergenden Hand

Deine leeren Hände sind mir zum Segen
Möge ich all mein Tun aus Deiner Hand empfangen
Möge all mein Streben
Deiner Heilenden Liebe dienen

Ich falle in Deine Hände
Möge die Geborgenheit in Dir mich nähren
und meinen Hunger auf Antwort stillen

In Dir allein bin ich daheim

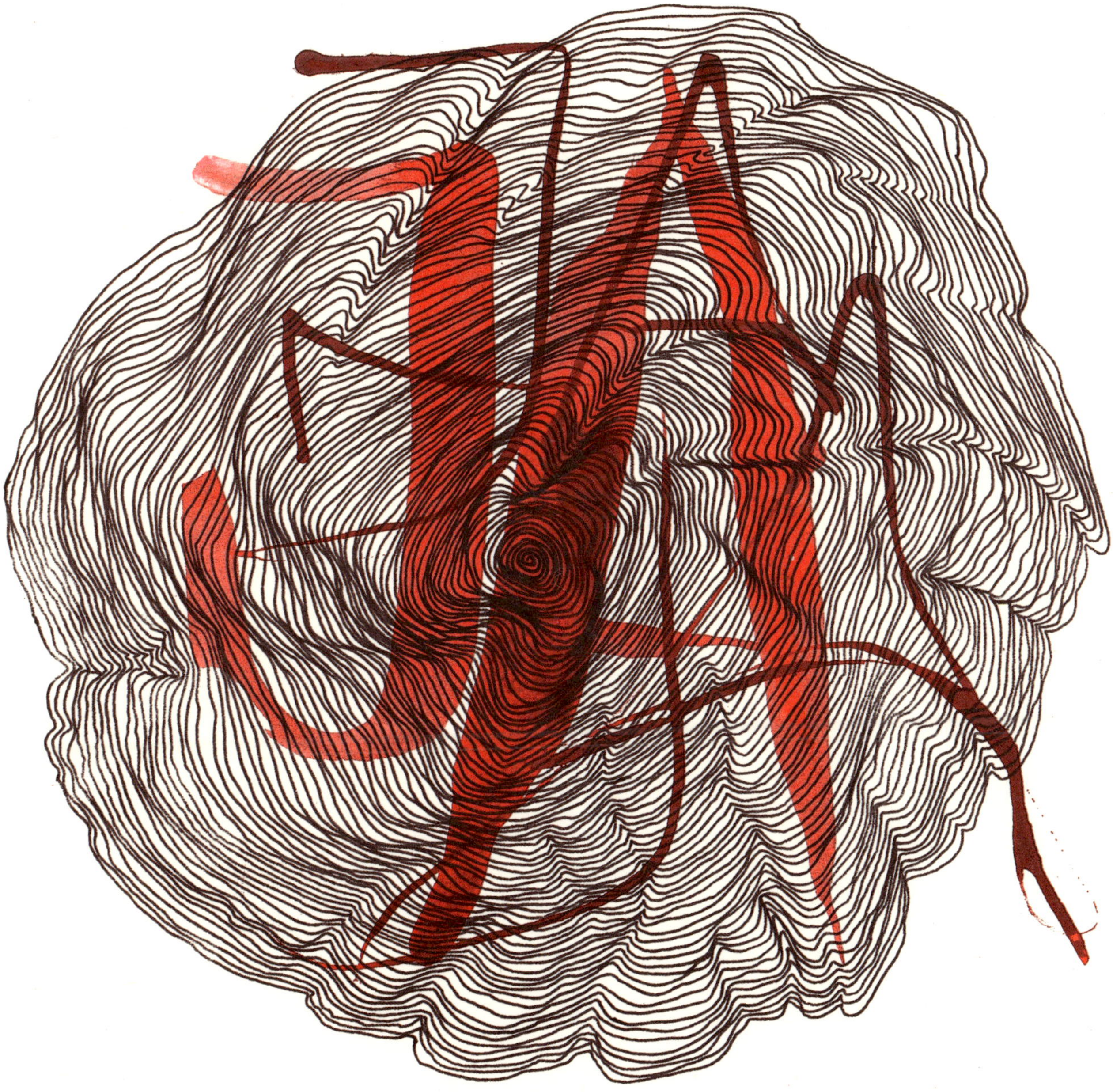

O Göttliche Mutter

Nimm mein Herz   und gib ihm Flügel
Trage es dorthin   wo es wirken kann
Ich bin bereit   Werkzeug Deiner Liebe zu sein
Nimm meine Sehnsucht   verwende meine Kraft
In Deine bergenden Hände lege ich meine Liebe
Aus Deiner Liebe ist mein Leben gewebt
Ich lasse mich in Dich fallen

Laß mich mutig und ehrlich sein
den Inszenierungen des Egos zu widerstehen
und in Einfachheit in Dir zu leben

Auf dem Weg
die Fährte Gottes suchend
fand ich Dich

DU hast das goldene Gefäß meines Herzens
mit göttlichem Nektar gefüllt
und meine Seele zum Singen ermutigt
Und wenn meine Seele singt
strömt die Liebe
frei !

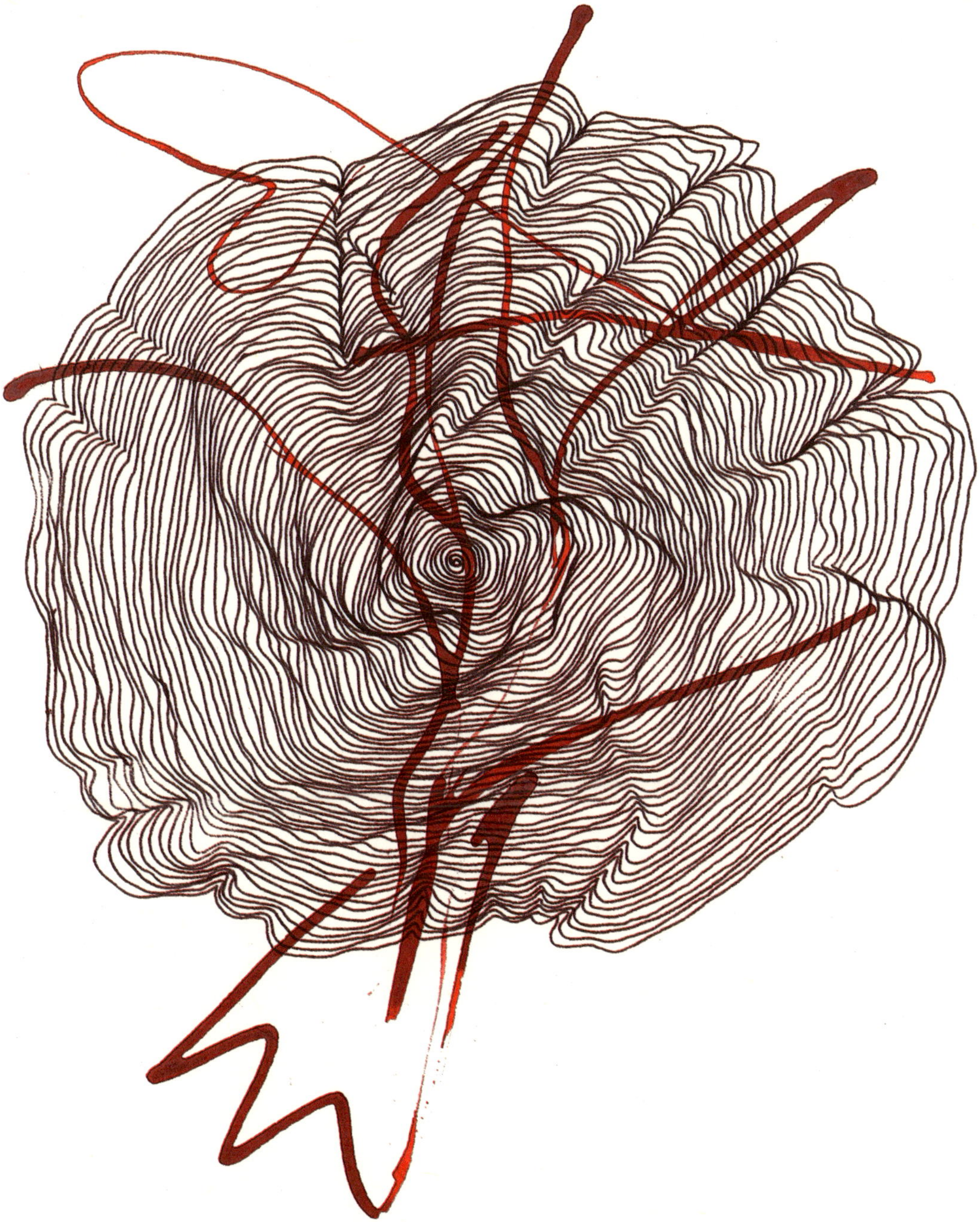

JA - ich atme - JA - ich bin - JA

Ich bin
sanft umspült
von den warmen Wellen
meines Atems
JA
Die Atemwellen
bringen mir
sanft
die Botschaft vom Leben
JA
ICH BIN
JA
Und allmählich
glätten sich die Wellen
und ich darf auf den
Grund meines Seins
schauen
JA
Ich sehe
die Unermeßlichkeit der Liebe
die Pulsation des Kosmischen Tanzes
das Glühende Fließen
die Extatische Glückseligkeit
das All-Ein-Sein
JA

OM

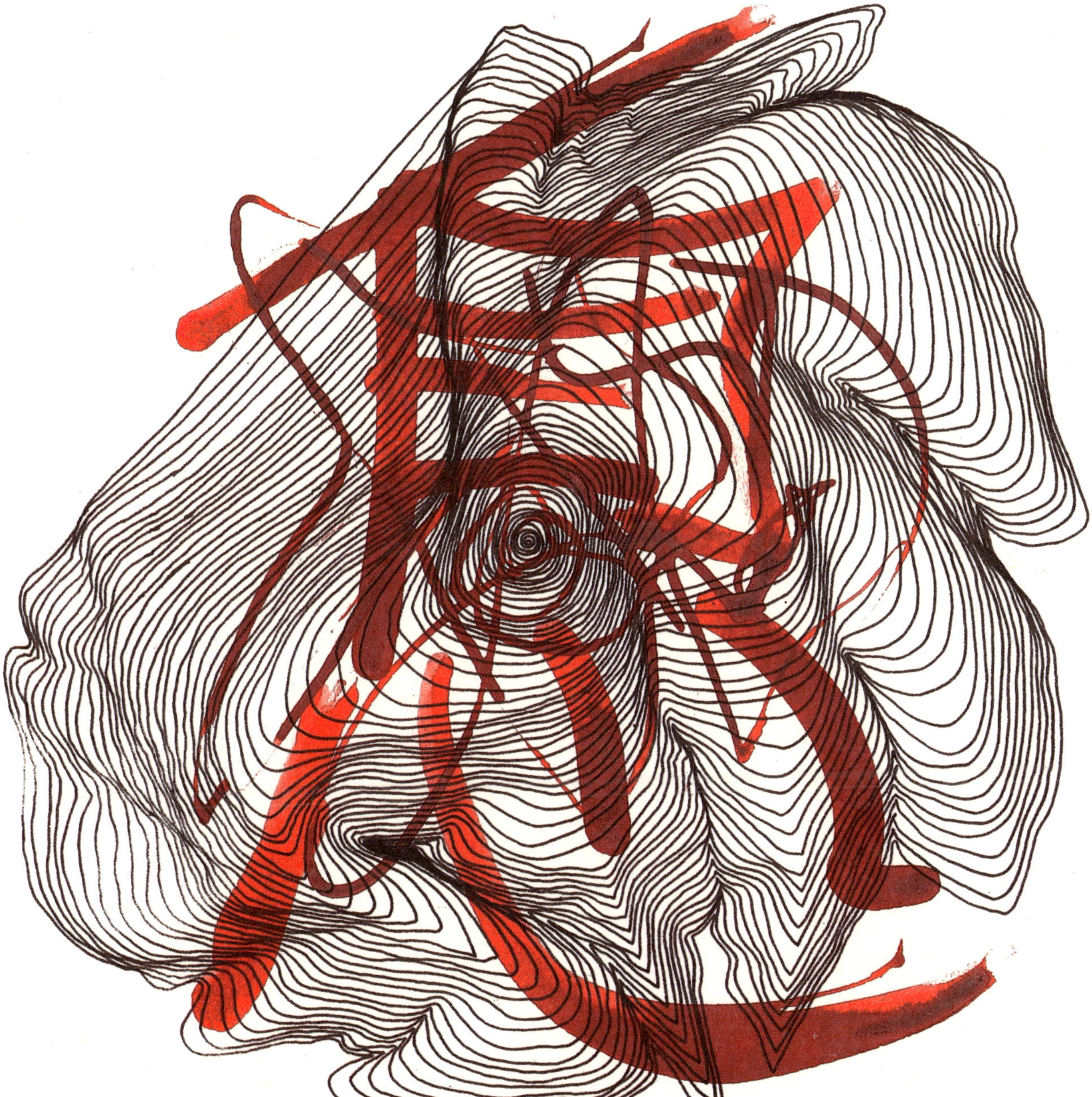

Hörst du
das flackernde Funkeln der Flammenzungen
Atme ein
das Feuer der Liebe
Im gleißenden Glutbett findet die Verwandlung statt
Wirf ab
deine Angst
Löse
die eng geschnürten Gürtel deiner Zweifel
Laß dich durchglühen
vom ewigen Feuer
das in dir brennt
tief in dir
Atme hinein
und neu strahlen die Funken deines Lebensfeuers
Wage es
Du hast nichts zu verlieren
außer deine Illusionen
über dich selbst
Es passiert nichts
außer
neuen Erfahrungen
an denen du reich wirst
Es passiert nichts
außer
das sichere Stehen in der extatischen Glut der Freude

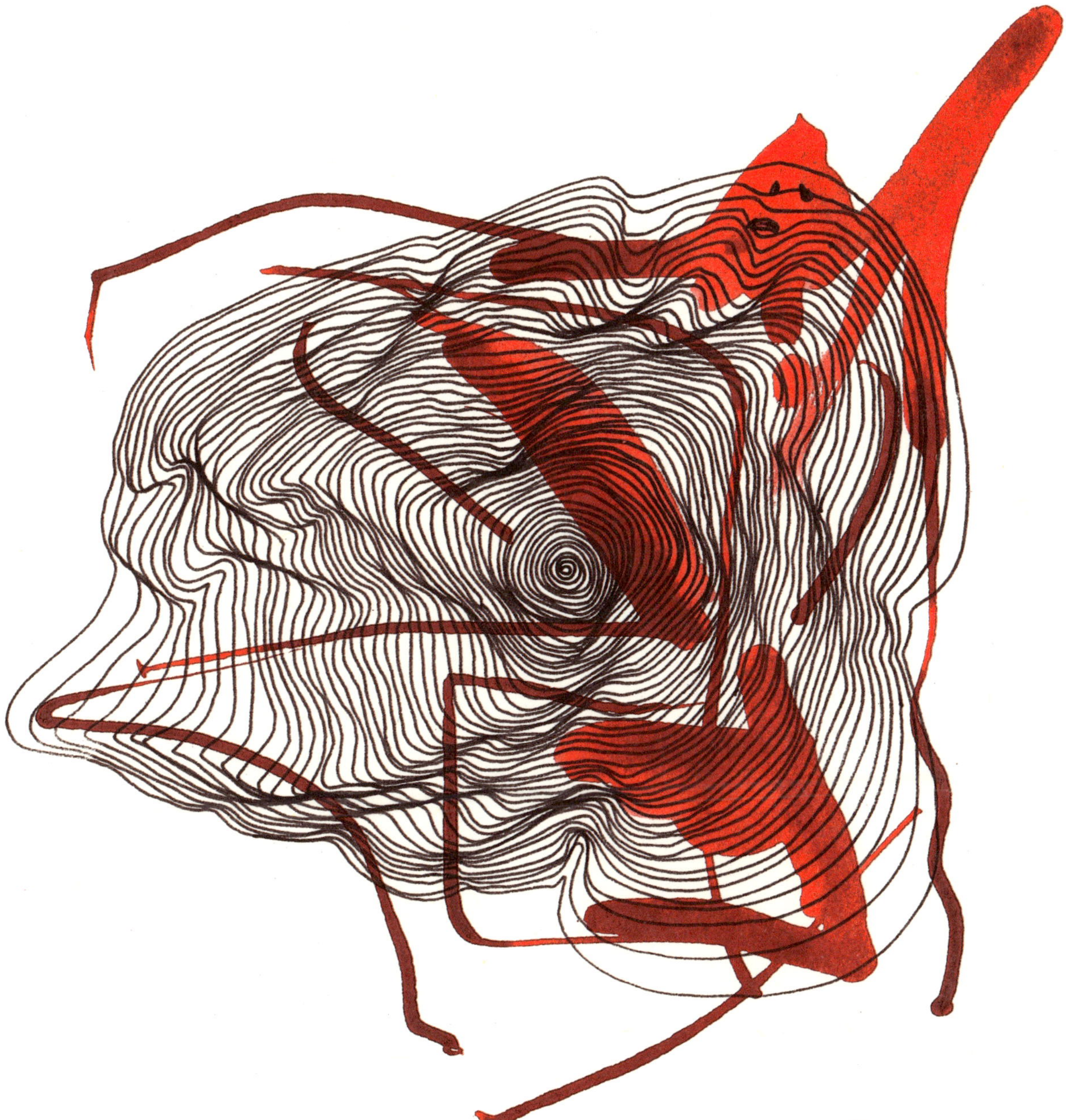

ICH atme DICH
ICH trinke DICH
ICH sage DICH
ICH singe DICH
ICH tanze DICH
ICH schwinge DICH
ICH lebe DICH
ICH liebe DICH
DU
Prana fruchtig süßer Lebensatem
DU
grenzenloses Sein
DU
durchströmende Glückseligkeit
DU
bergende Mütterlichkeit
DU
Höchste Liebe
DU

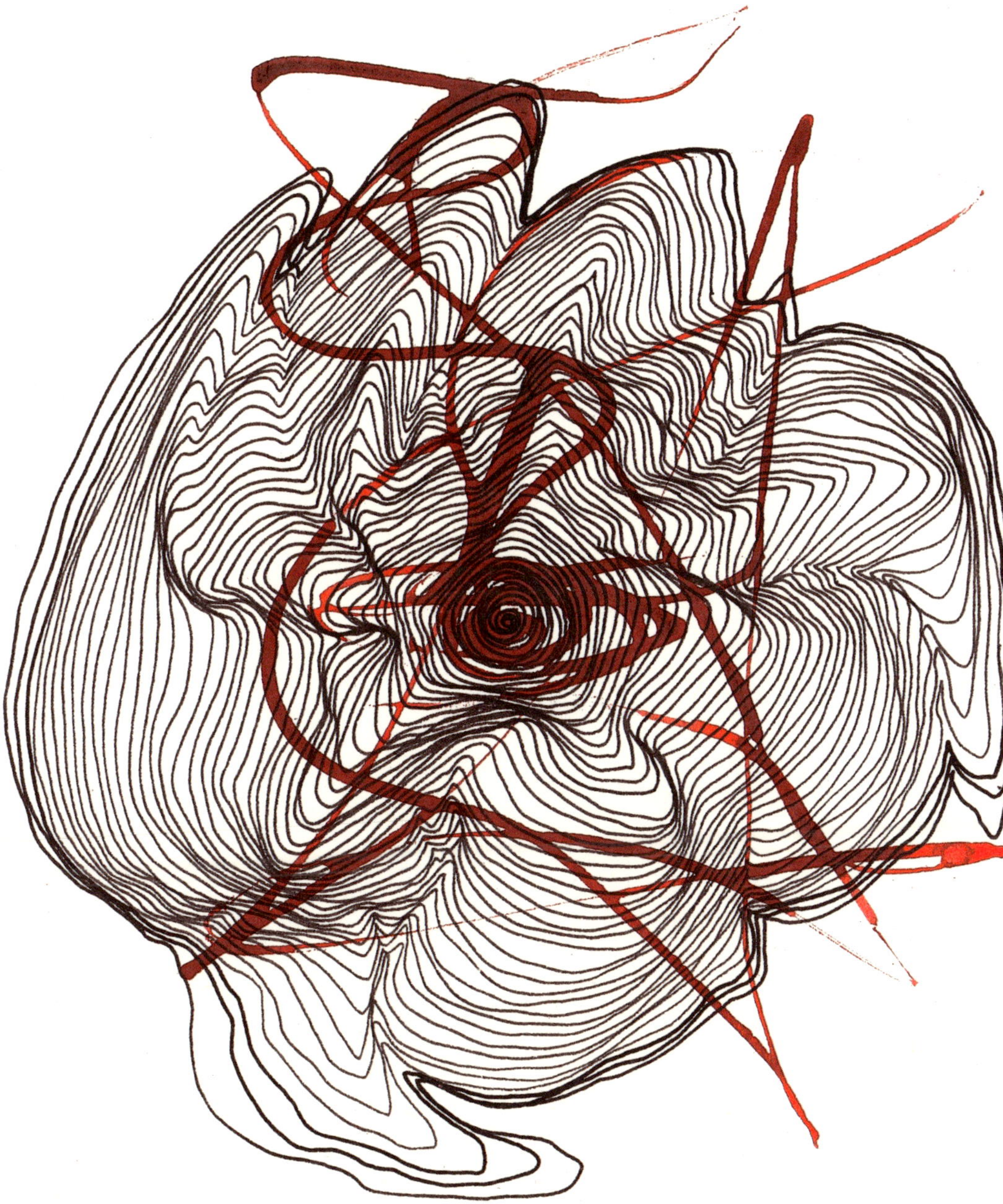

DAS LICHT IST IN UNS

Heute ist der Tag !
Das Licht ist gekommen !
Ich bin bereit
und trete ein
Anfang und Ende werden zur Unendlichkeit
Da ist kein Zweifel
Da ist keine Bange
Ich bin auf dem Weg
schon lange

Heute ist der Tag !
Das Licht ist gekommen !
Wisse du kannst das Licht nicht in den Wolken finden
Du wirst durch die Wolkenwelten hindurchgehen müssen
Darin hast du nie etwas Dauerhaftes gefunden
Hab keinen Zweifel !
Hab keine Bange !
Du bist auf dem Weg
schon lange

Heute ist der Tag !
Das Licht ist gekommen !
Das Licht ist hinter den Wolken
Lassen wir uns von Gott an der Hand nehmen
Im Fluß des Atems wird Sie uns sicher tragen durch die Wolken der Illusionen
Da ist kein Zweifel
Da ist keine Bange
Wir sind auf dem Weg
schon lange
Heute
ist der Tag !
Das Licht ist gekommen !
Die Erlösung liegt in uns !
DAS LICHT IST IN UNS

MAMA

O Göttliche Mutter
Lehre mich die Hingabe an das Sein
Immer wieder verweigere ich die Bereitschaft
das mit Freude zu tun   was eben gerade ist
O Göttliche Mutter
Lehre mich die Harmonie zu leben
Immer wieder vergesse ich
daß Harmonie erst durch die Hingabe an das Sein möglich ist
O Göttliche Mutter
Lehre mich den Mißachtungen des Weiblichen zu widerstehen
Immer wieder glaube ich ganz anders sein zu müssen
Und doch ist es das Unfaßbare - Weibliche - was unsere Sehnsucht ist
O Göttliche Mutter
Lehre mich das Weibliche zu leben
Immer wieder vergesse ich diese große Notwendigkeit für die Welt
Es ist die Befreiung von der Leistungsspirale
Größer-Besser-Reicher-Erfolgreicher
O Göttliche Mutter
Lehre mich zu meines Herzens erwachtem Sinn zu stehen
Immer stärker möchte ich in die Welt tragen
daß dies Liebe und Einssein mit allen Wesen der Schöpfung ist
O Göttliche Mutter
Lehre mich das Wunder unserer goldenen Verwandlung zu leben
Immer mehr möchte ich Licht sein
was meine Funktion in dieser Welt ist

O Göttliche Mutter
Ich rufe nach Dir
Immer wieder fühle ich mich alleingelassen in dieser Welt
Wo bist du?

O Göttliche Mutter
Ich bitte um Deine Göttliche Kraft
in Hingabe an die Liebe die Harmonie zu verwirklichen
Denn durch die Liebe kann ich mutig sein
O Göttliche Mutter
Ich bitte um Deine Göttliche Kraft
damit ich Gottes Erlösungsplan durch mich sich erfüllen lassen kann
Nicht mein sondern Dein Wille geschehe
O Göttliche Mutter
Ich bitte um Deine Göttliche Kraft
die große Hoffnung dorthin zu tragen wo sie noch nicht lebt
denn dort ist der Boden ihrer Erfüllung
O Göttliche Mutter
Ich bitte um Deine Göttliche Kraft
all dies in der großen Alltäglichkeit meines Lebens zu verwirklichen
die die Spielwiese Gottes ist
O Göttliche Mutter
Ich bitte um Deine Göttliche Kraft

Leben trinken in Strömen von Honigfeuer
Feuer atmen und sich durchglühen lassen
vom extatischen Tanz vibrierender Liebe
Lassen wir sein   Treten wir ein
Machen wir die Angst zu unserem Weggefährten
und nehmen sie an der Hand
wenn wir steigen
in die wabbernde Glut unserer Sehnsucht
Die Angst wird schmelzen
und wir atmen und fühlen und sind dankbar
über das Sein im Zentrum
Wir sind angekommen
daheim
JA

den Schritt wagen   das Feuer atmen
den Schritt wagen   das Leben trinken
den Schritt wagen ins Lassen
den Schritt wagen ins Sein

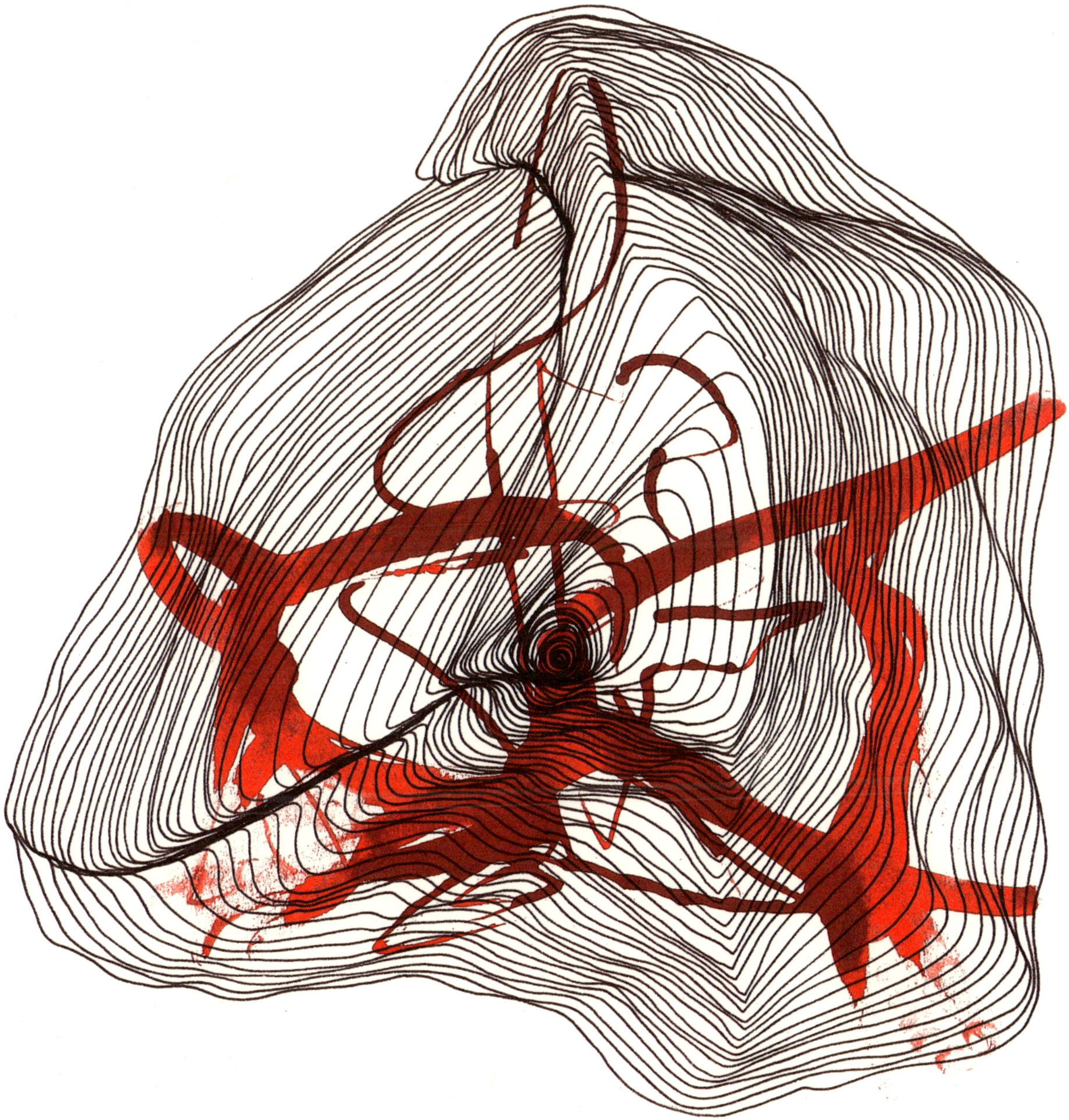

EROTIK

Du Feuerkraft
züngelst
vibrierend
im Gefäß meines Körpers
und gießt
deine Lavaflut
in die gleißende Glut
meiner Liebe

Gewaltig
ist mein Erzittern
wenn deine Flammenschlange
einem Erdbeben gleich
sich donnernd erhebt
und
machtvoll entfacht
die schillernde Pracht
meiner Lust

Zurückfinden zur Mitte
Heimkehren zu mir Selbst
Der Weg führt durch Schluchten
ungelebter Gefühle
Atmen
Angst
Atmen
Scham
Atmen
hinein
in die Wüsten
ungelebten Lebens
Sie bewässern durchfluten
mit der Lebendigkeit
des Atems
und dann
ein
erlöstes
Durchströmen
und ein
JA

endlich daheim
im Fließen
endlich daheim
in der Hingabe an die Liebe!

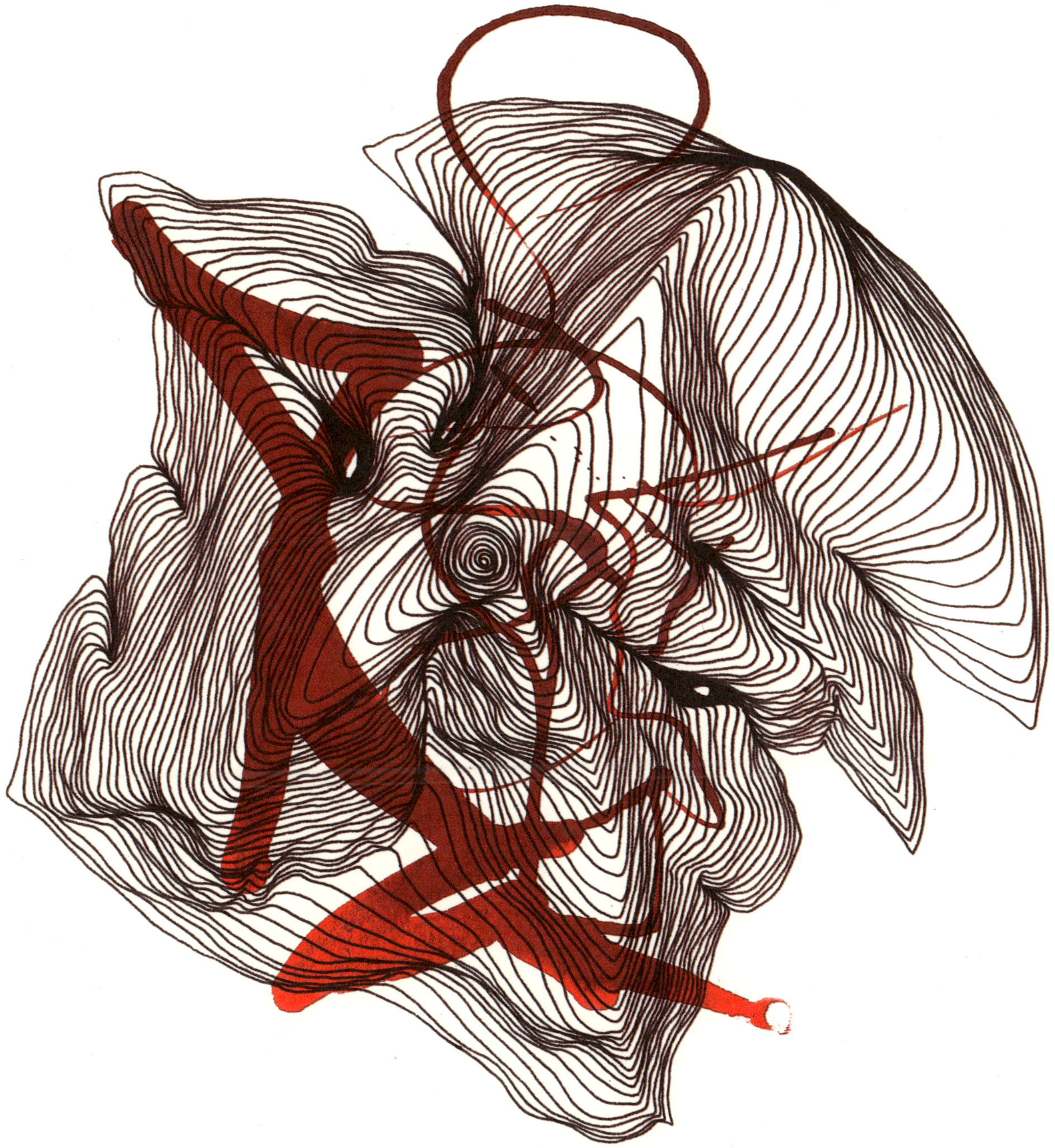

WAGE DEINEM SELBST ZU VERTRAUEN

Wage deinem Selbst zu vertrauen
Es ist in Gott
Es ist mit Gott
Denke immerdar   fühle beständig
Gott ist in dir   wohin du auch gehst

Trage deinen Mut als Flamme der Liebe vor dir her
dann brauchst du nichts zu fürchten
und nichts ist unmöglich
denn Gott - das Selbst - ist mit dir

DAS bist DU
TAT TWAM ASI
Du bist von Göttlichem Licht umgeben
Das Göttliche Licht ist in dir
Du bist das Göttliche Licht

Fühle dies beständig
Dies ist deine innere Wahrheit
Wage deinem Selbst zu vertrauen
Dies ist Selbstvertrauen

Es ist der Beginn jeden schöpferischen Handelns
und der Anfang
die Einheit allen Seins zu fühlen
Gott und du sind eins
Wage dieser Wahrheit deines Selbst zu vertrauen

Selbstvertrauen ist das Fundament
Zufriedenheit - mit dem was du bist - die Mauern
Hingabe - an das was du bist - das Dach
deines Hauses hier auf Erden

Traue dich dir selbst zu trauen
Mit Selbst-Vertrauen nimmt das Reich Gottes seinen Angang hier auf Erden
Fühle Gott als Liebe im Herzen
und du kannst wahrlich dir selbst vertrauen

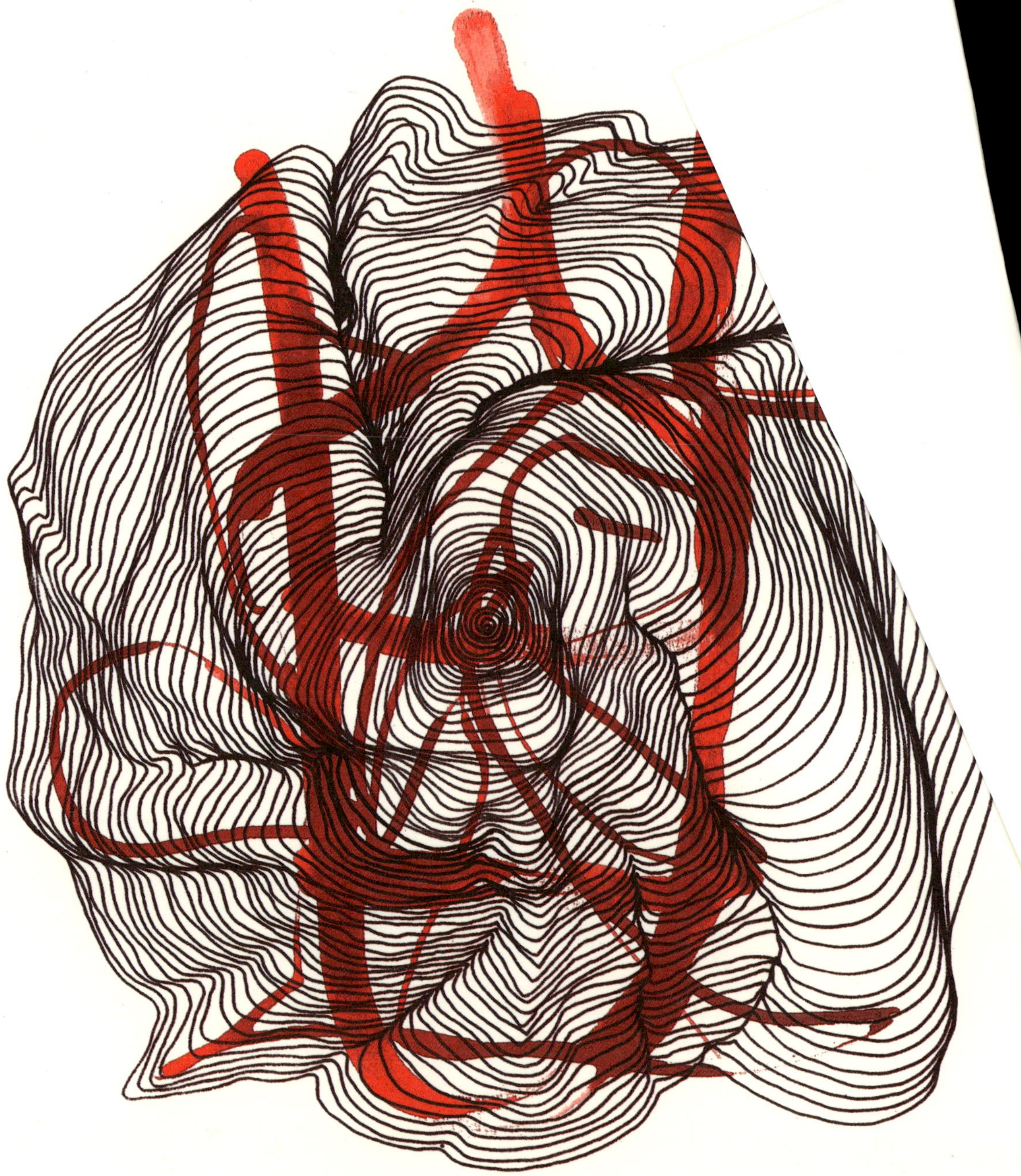

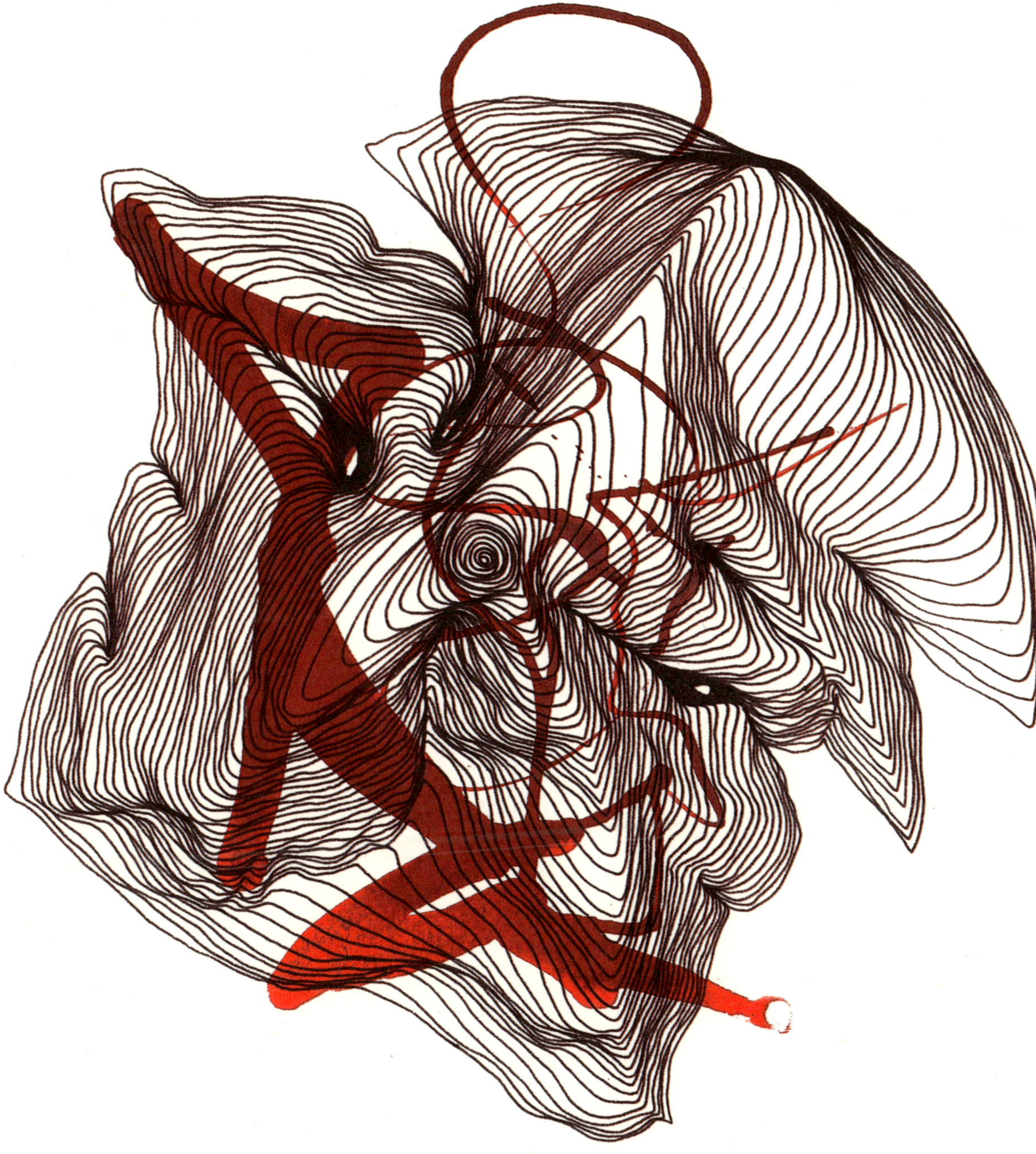

WAGE DEINEM SELBST ZU VERTRAUEN

Wage deinem Selbst zu vertrauen
Es ist in Gott
Es ist mit Gott
Denke immerdar   fühle beständig
Gott ist in dir   wohin du auch gehst

Trage deinen Mut als Flamme der Liebe vor dir her
dann brauchst du nichts zu fürchten
und nichts ist unmöglich
denn Gott - das Selbst - ist mit dir

DAS bist DU
TAT TWAM ASI
Du bist von Göttlichem Licht umgeben
Das Göttliche Licht ist in dir
Du bist das Göttliche Licht

Fühle dies beständig
Dies ist deine innere Wahrheit
Wage deinem Selbst zu vertrauen
Dies ist Selbstvertrauen

Es ist der Beginn jeden schöpferischen Handelns
und der Anfang
die Einheit allen Seins zu fühlen
Gott und du sind eins
Wage dieser Wahrheit deines Selbst zu vertrauen

Selbstvertrauen ist das Fundament
Zufriedenheit - mit dem was du bist - die Mauern
Hingabe - an das was du bist - das Dach
deines Hauses hier auf Erden

Traue dich dir selbst zu trauen
Mit Selbst-Vertrauen nimmt das Reich Gottes seinen Angang hier auf Erden
Fühle Gott als Liebe im Herzen
und du kannst wahrlich dir selbst vertrauen

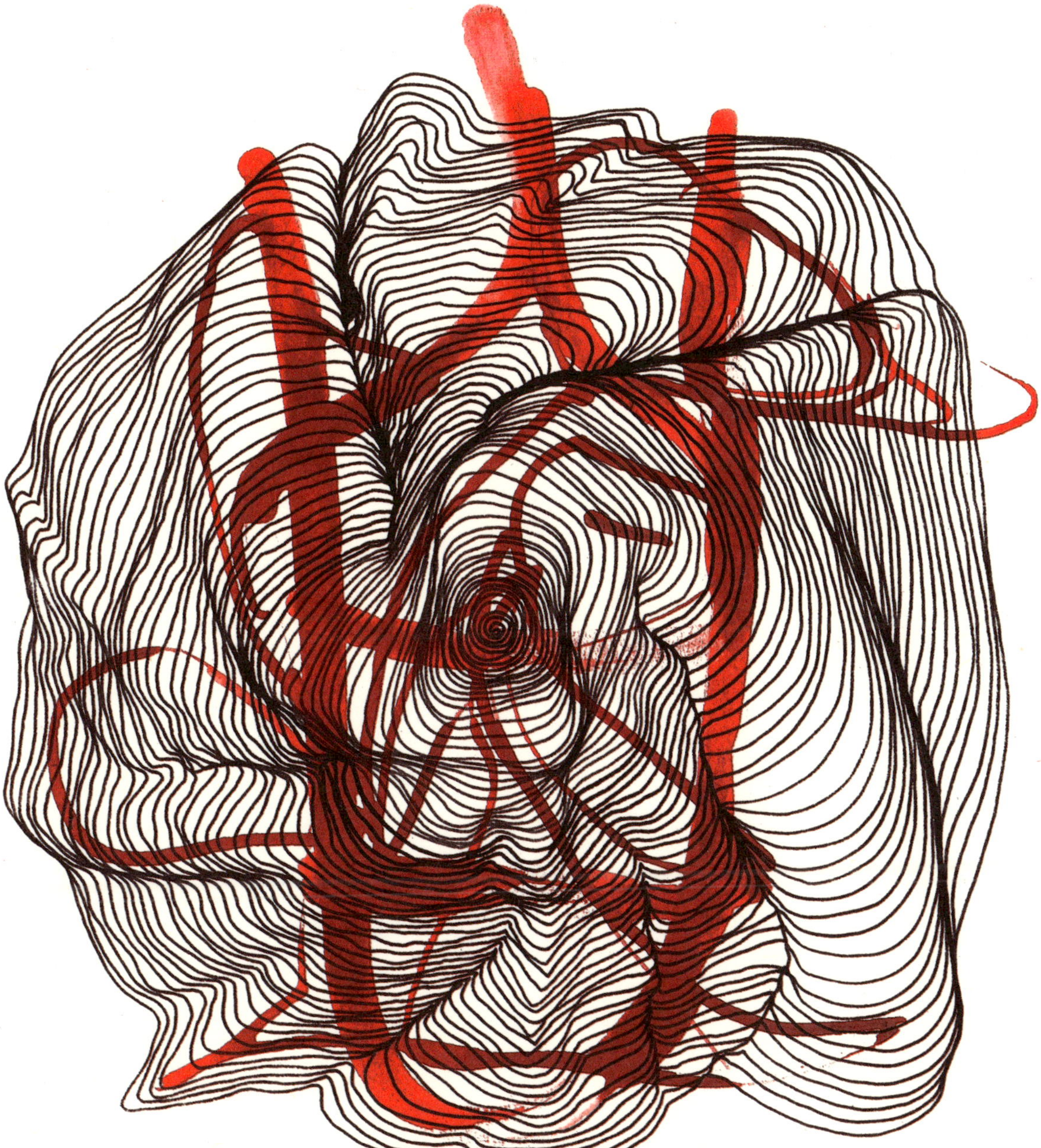

Zurückfinden zur Mitte
Heimkehren zu mir Selbst
Der Weg führt durch Schluchten
ungelebter Gefühle
Atmen
Angst
Atmen
Scham
Atmen
hinein
in die Wüsten
ungelebten Lebens
Sie bewässern durchfluten
mit der Lebendigkeit
des Atems
und dann
ein
erlöstes
Durchströmen
und ein
JA

endlich daheim
im Fließen
endlich daheim
in der Hingabe an die Liebe!

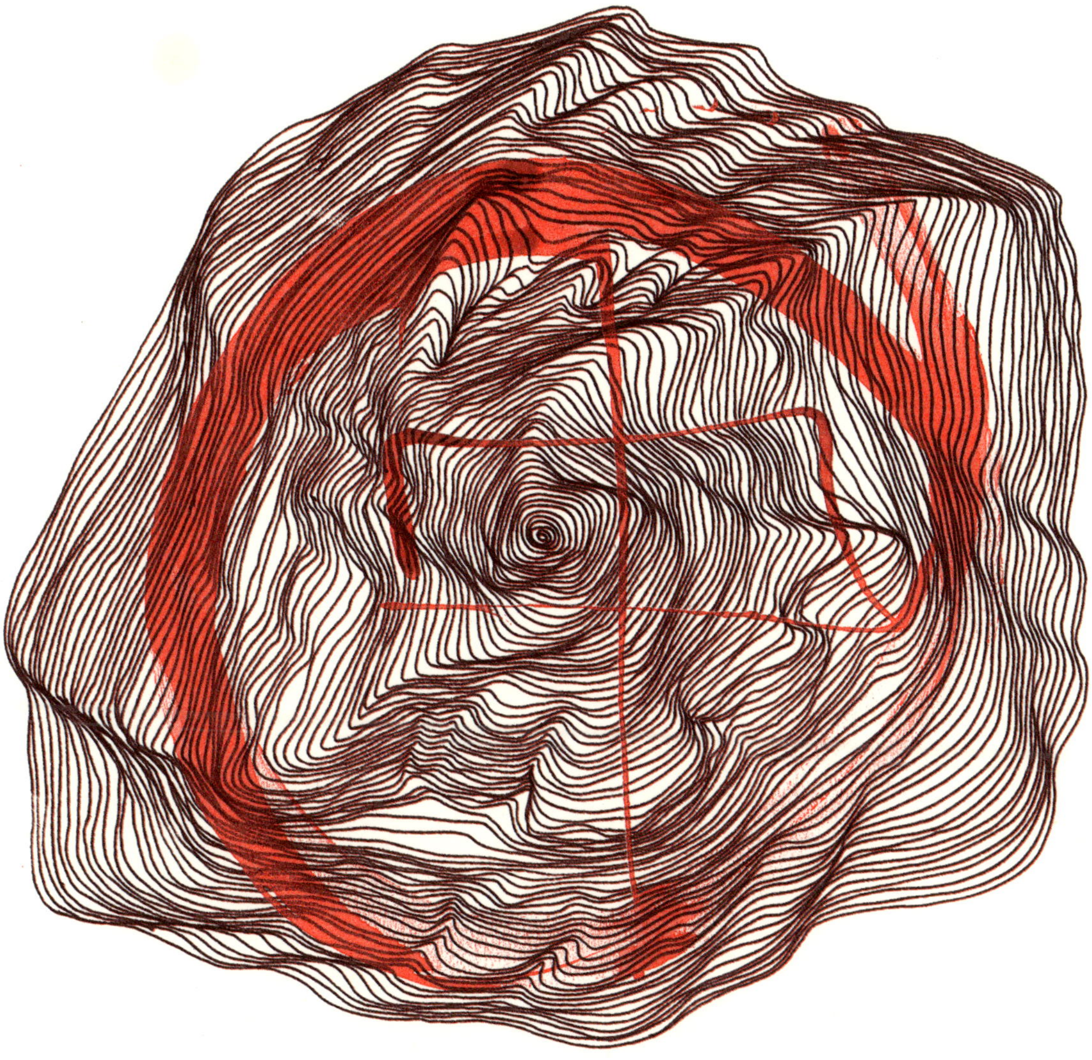

Atmend und singend
gehe ich ein in Deine Brandung
Ich bin von Deinem großen Atem umspült

Lehre mich
dieses kraftvolle Strömen in mich aufzunehmen
diese mächtige Brandung Deiner Liebe
damit sie mich nicht ängstige wegen ihrer gewaltigen Schöpferkraft

Lehre mich
die Wunderblume meines Herzens zu öffnen
damit die Bienenbotin Deiner Zeugungskraft
die Liebe in mir entzünde

Wach und weit
will ich sein
Dich zu empfangen

Ich bade
in der vollfruchtigen Süße
Deiner Gnade
Sie berauscht mich
Himmlisches Empfinden läßt mich taumeln vor Glück
Der Gesang Deiner Liebe
ist unfaßbar schön
unfaßbar glücklich bin ich
Für immer möchte ich Dienerin
dieses Gesanges
dieser wilden Freude
dieses unendlichen Glücks
sein
glühen in Deiner entfesselten Liebe
leuchten aus Dankbarkeit

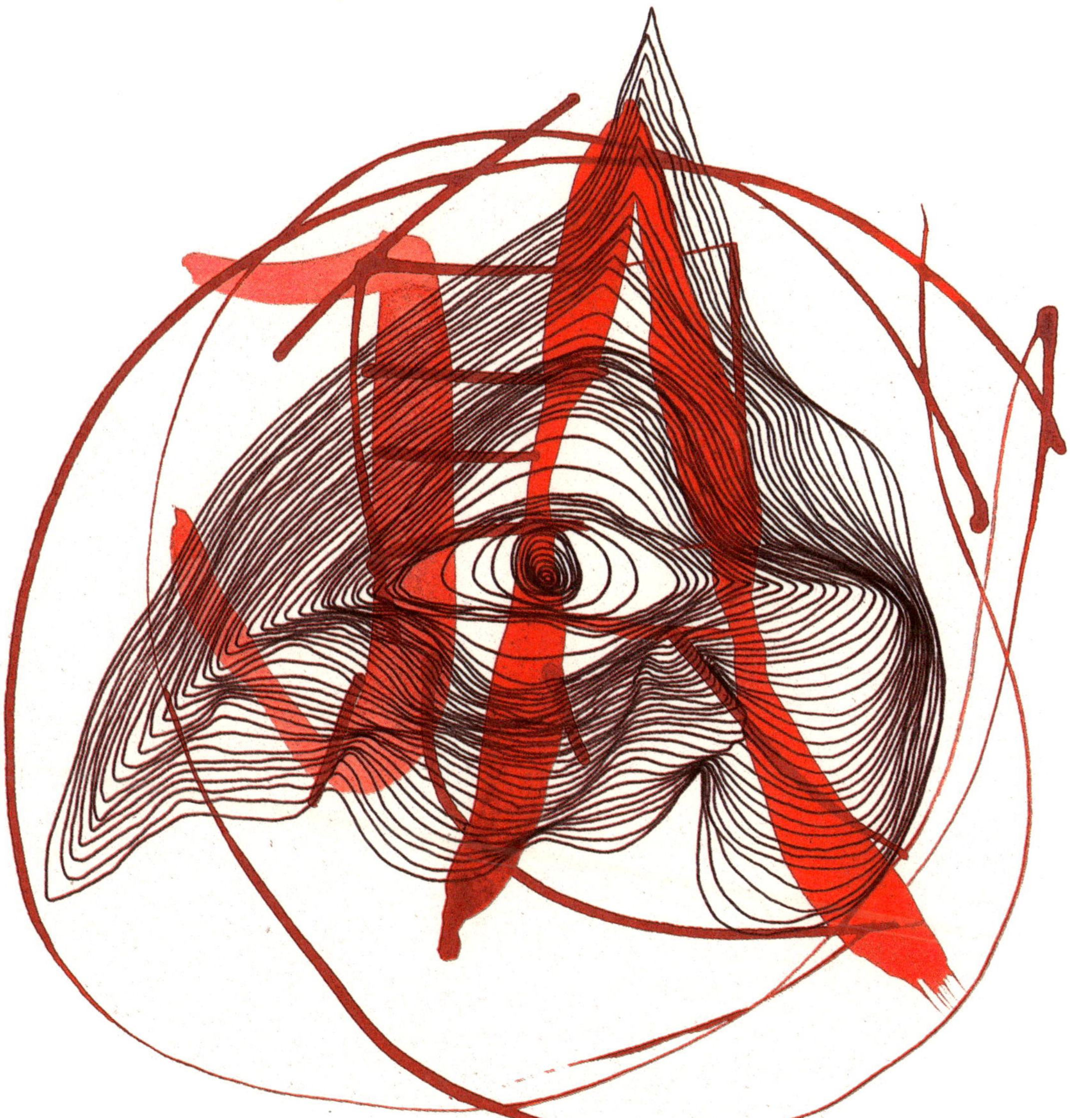

Die Mitte

Alles kommt zur Ruh
und steht still

--- und ich horche ---

Aus der Mitte heraus
öffnet sich
ein neues Gefühl
fürs Leben

Das Licht steht
kreisrund und unbewegt

Ein Ahnen
strömt
aus mir
in mich
über das mir Mögliche
und füllt mich aus

Ich bin
angekommen
in mir

TIEF IN MIR IST FRIEDEN

Tief in mir gibt es einen Ort
da ist vollkommener Frieden
Ich lasse alle trivialen Dinge sein
die an der Oberfläche schäumen
und lasse mich tragen
- von meinem Atem -
ins Himmlische Königreich hinein

Tief in mir gibt es einen Ort
da lebt die große Kraft der Liebe
Ich lasse allen Groll los
der mich in Unfrieden hält
und trete ein
- durch Vergebung -
ins Licht der Liebe

Tief in mir gibt es einen Ort
da liegen alle Schätze dieser Welt
Mögen wir Menschen vertrauen
in unsere göttlichen Fähigkeiten
Mögen wir immer wieder
goldene Fäden der Liebe zueinander spinnen
auf daß sie uns befähigt
einzugehen in die Unendlichkeit unseres Herzens

Tief in mir gibt es einen Ort
da züngelt machtvoll das heilende Feuer der Seele
Mögen wir Menschen es immer wieder neu entfachen
und die Stärke den Mut und die Ehrlichkeit entwickeln
das in die Welt hinauszutragen
- durch unser Sein durch unsere Arbeit -
was wir im Herzen gefunden haben

Möge
die Stimme deines Herzens
sich ausbreiten
und dich ganz erfüllen

Möge
dein Gesang
den Duft deines Herzens
verströmen
und dich ganz einhüllen

Mögen
die Wellen deiner Liebe
viele Menschen erreichen
auf daß Frieden werde in allen Herzen

Möge die Hingabe an die Liebe
uns zur
glückseligmachenden Nahrung werden!
Mögen wir satt werden an ihr!

Möge es so sein

Gebet

Ich gebe   du gibst
er gibt   sie gibt   es gibt
wir geben   ihr gebt   sie geben
Welch Reichtum auf Erden !

Gebet !
Eure Begeisterung   eure Phantasie   euer Lachen !
Und es wird euch gegeben
Tausendfach wird das Echo
des Gebets auf euch zurückfließen
Seid bereit
es in Empfang zu nehmen

Gebet und empfanget
und das Himmelreich
- die Bewußtheit der vollkommenen Einheit allen Lebens -
gründet sich auf Erden
Und Liebe mehrt und mehrt sich
und Leben wird für immer sein

Namasté

Ich verneige mich in großer Dankbarkeit
vor
dem Leben
und der Kraft
die alles Lebendige hervorbringt
vor dem Weiblichen
der Kosmischen Mutter
Ich danke Dir für die Liebe
die DU mir zuteil werden läßt
DU bist meine Ratgeberin
Im Schatten Deiner Fittiche frohlocke ich
Was gibt es da noch zu wünschen
DU gibst mir alles was ich brauche
DU hältst alles für mich bereit
und ich darf zugreifen
hier und heut
Ich freue mich über den wohlwollenden Überfluß
Deiner Liebe
Ich darf schöpfen daraus
Ich kann schöpfen daraus
Ich will schaffen daraus
Ich bin erschaffen daraus
Und ich folge den Traumliedern der Heiligen Nächte
Ich bin dankbar
und daheim in Dir
Namasté

GEBET AN DIE LIEBE

ICH BIN
bereit
Gefäß
für die
Universelle Liebe
zu SEIN

Liebe durchströmt meinen Körper
Liebe durchwirkt mein Sein
ICH BIN
ICH BIN in Liebe geboren
ICH BIN in Liebe geborgen
ICH BIN umhüllt von Liebe
Die Liebe leuchtet in mir
ICH BIN die Liebe

Groß ist die Glückseligkeit
Gepriesen seien die unendlichen Wasser der Liebe
HALLELUJA

Möge die Auferstehung zum Leben
der Mittelpunkt unserer Sehnsucht werden
Möge Vergebung das Echo sein
das aus der Mitte schwingt
wie Wellen von Licht
Mögen wir Menschen
wahr-
nehmen
daß
die Liebe
die einzige Konstante in der Welt ist

DIE ERWECKUNG DER SONNENKRAFT IN UNS

Hatha-Yoga-Übung *"Gruß an die Sonne"*

Zum Abschluß dieses Gebets-Bilder-Buches möchte ich eine der einfachsten und wirkungsvollsten Körper-Meditations-Gebetsübungen weitergeben, die ich kenne.

Es ist dies die Hatha-Yoga-Übung "Surya Namaskar". Es ist eine Übung, die so alt ist wie ihre Sprache Sanskrit. Surya heißt im Sanskrit "Sonne" und Namaskar "Gruß". "Ha" von Hatha heißt "Sonne, Energie"; "tha" Mond, Reflexion, Empfänglichkeit"; "Yoga" heißt im Sanskrit "Vereinigung, Versöhnung der Polaritäten; lehrt, den Körper wahr-zunehmen".

Surya Namaskar - die Übung zur Erweckung der Sonnenkraft in uns - ist eine der schönsten Übungen, in der wir die Ganzheit unseres Seins zelebrieren können. Sie umfaßt körperliche Bewegung, bewußten Umgang mit unserem Atem, übt unsere Vorstellungskraft, verbindet uns mit der Quelle allen Seins - dem Licht, der Sonnen-Energie und der Liebe in uns.

Es ist bereits ein Genuß, sie als reine Körperübung zu praktizieren. Ihre Wirkung und Bedeutung geht jedoch weit darüber hinaus. Die einzelnen Körperpositionen sind Symbole für die uns innewohnende Wahrheit, Essenz. Die Übung hat heilende, stärkende, wiederbelebende Wirkung auf unseren gesamten Organismus. Sie kostet nichts, braucht keine Ausrüstung, kein Material. Es genügt ein Platz von 2x2 m und eine Zeit von 5-15 Minuten pro Tag ! Also eignet sie sich ausgezeichnet für die Zeit- und Raumverhältnisse unseres modernen Lebens !

Die umfassenden Wirkungen dieser wunderbar einfachen Übung sind großartig: Die Übung kräftigt und stabilisiert das Verdauungssystem, massiert die Eingeweide, beseitigt Verstopfung und verhindert Verdauungsstörungen. Sie stärkt den Bauchgürtel und den Unterleib, Regelschmerzen werden beseitigt, Eierstöcke und Uterus gestärkt. Die Lungen werden belüftet, die Atmung wird harmonisiert, das Blut mit Sauerstoff versetzt und entgiftet. Die Übung stärkt das Herz, verbessert die Blutzirkulation; sie wirkt gegen hohen Blutdruck und Herzklopfen und erwärmt die Extremitäten. Das Nervensystem wird durch das wiederholte Dehnen und Biegen der

Wirbelsäule gestärkt und die Funktion des Sympathikus und Parasympathikus wird reguliert. Durch die Stärkung des Nervensystems werden Depressionen und damit psychische Leiden günstig beeinflußt. Die Übung vertreibt Sorgen und "Lasten". Sie fördert Schlaf, die Entspannung und bringt ein jugendlich frisches Gedächtnis. Sie regelt auch die innersekretorischen Drüsen, insbesondere die Schilddrüse! Sie erfrischt und verjüngt die Haut durch gute Durchblutung. Sie kräftigt die Muskulatur des ganzen Körpers - Hals, Schulter, Arme, Bauch, Rücken, Oberschenkel, Waden, strafft die Brüste; erhöht die Widerstands- und Abwehrkräfte des Körpers. Die Übung zur Erweckung der Sonnenkraft in uns bewirkt ein inneres Gefühl der Zuversicht und Lebensfreude, verleiht Gesundheit, Kraft und Langlebigkeit!

Ich möchte hier zwei Versionen des "Gruß an die Sonne" vorstellen. Zuerst die Original-Version mit insgesamt 12 Körperpositionen *. Die zweite ist eine persönliche Variante von mir, die ich von der traditionellen Form leicht abgewandelt habe, weil sie mir auf diese Art runder und entspannender erschien. Konkret: Ich habe insgesamt 13 Positionen vorgegeben. Durch die 13. Position (bei mir die Position 6) wird die Übung symmetrisch und ist daher leichter zu merken. Die Wirkung ist dadurch auch eine etwas andere. Während die traditionell 12 Positionen (die 12 Monate des Jahres nach dem Lauf der Sonne) aktivierend wirken, sind die 13 Positionen (die 13 Mond-Monate des Jahres) ausgleichend und beruhigend. Eine wunderbare Kombination dieses Übungspaares ist: 3x die "Mond"-Übung, 3x die "Sonnen"-Übung, 1x die "Mond"-Übung.

EINIGE WICHTIGE HINWEISE

TEMPO UND RHYTHMUS

In der Originalversion wird die Übung sehr schnell durchgeführt und ist daher eine ideale Konditionsübung. Für uns westliche und ungeübte Menschen ist es sehr ratsam, sie zunächst langsam zu machen/ zu zelebrieren/ zu beten. Ganz zu Beginn des Übens ist es grundsätzlich wesentlich, sanft mit sich umzugehen! Der Körper muß sich an den erhöhten Sauerstoffaustausch, die Dehnung der Muskeln und an diese Art von Bewegung gewöhnen. Es ist nach meinem Gespür auch sehr heilsam für uns, sie langsam zu machen, weil dies unseren Atemfluß ruhiger werden läßt, der durch die Schnelligkeit unseres Lebens ohnehin meist zu rasch ist, stolpert und gar nicht voll ist. Tiefes, langsames, volles, bewußtes Atmen hat sehr heilsame Wirkung!

ATMUNG

Wichtig ist, daß wir die Atmung mit der Bewegung koordinieren. Die Atmung soll ohne Anstrengung leicht fließen, ohne daß wir außer Atem geraten. Dies ist generell der Grundsatz: Nur was sanft und leicht zu vollziehen ist, hat dauerhaft heilsame Wirkung. Wir brauchen nichts erzwingen. Körper und Geist holen sich, was sie brauchen, wenn wir es zulassen! Heilsame Wirkung kann sich nur in einem entspannten Zustand einstellen. Durch die Regelmäßigkeit des täglichen Übens können wir viel für unsere Gesundheit, unsere Lebensqualität und dadurch für die Lebensverlängerung tun!

KONZENTRATION

Wichtig ist auch, daß wir jede Bewegung aktiv mit der Bewußtheit unseres Atems und unseres Geistes begleiten und in der Zeit des Übens an nichts anderes denken. Ich wende mich beim Üben nach Osten, wenn ich sie am Morgen praktiziere. Dies ist sicher die beste Zeit für die Yoga-Übung. Wenn wir aber am Morgen keine Zeit finden sollten, so ist es jederzeit möglich, sie zu zelebrieren. Dann wende ich mich in Richtung zur Sonne hin, z.B. am Abend nach Westen. Die Übung wird, nach anfänglich notwendiger Disziplin, zu einem genußvollen Bestandteil des Tages.

Vor der Übung können wir uns die kosmische Lichtenergie vergegenwärtigen, die von der Sonne ausgeht, die alles Leben durchwirkt und bewirkt. Unser Körperzentrum für diese Sonnenenergie ist das Sonnengeflecht - Solar Plexus, von dem diese lebensspendende Energie gleich Sonnenstrahlen in den ganzen Körper ausstrahlt und jede Zelle belebt. Zur Konzentration auf diese uns innewohnende Kraft können wir zu Beginn der Übung ein Gebet sprechen.

Die Übung hat durch den Bewegungsablauf für mich folgende Symbolik: Wir Menschen sind die Vermittler zwischen Himmel und Erde. Mögen wir uns bewußt mit beiden verbinden: Tief verwurzelt mit dem irdischen Leben können wir hoch emporwachsen und die himmlischen Sphären berühren und diese spirituellen Bereiche auf die Erde bringen. Sie hat auch die Bedeutung des Ausgleich-schaffens zwischen oben-unten, hoch-tief, offen-geschlossen, einatmen-ausatmen, außen-innen, männlich-weiblich, Yang-Yin. so lernen wir Polaritäten nicht mehr länger als Gegensätze, sondern als einander bedingende Teile einer Einheit zu erleben und sie als ebenbürtige Partner zu nützen!

Somit wird die Übung eine große Verneigung vor der "Sonnenkraft", dem "Göttlichen Funken" in uns selbst.

1. Wir stehen aufrecht und lenken unsere Aufmerksamkeit auf die "Sonnenkraft" -die Lichtenergie in uns und um uns herum. Das Körpergewicht ruht satt und gleichmäßig auf den Füßen. Wir spüren den Bodenkontakt. Die Zehen sind locker. Wir falten die Hände vor der Brust und drücken sie leicht aneinander. Ausatmen.

2. Tief einatmend strecken wir die Arme nach oben und dehnen den Körper bis in die Fingerspitzen. Wir wachsen hin zum Licht. Wir können uns vorstellen: wir nehmen Lichtenergie auf.

3. Tief ausatmend beugen wir uns nach vorne. Die Handflächen rechts und links der Füße auf den Boden drücken. Der Rücken wird gedehnt. Alle Luft aus den Lungen strömen lassen. Es ist ein Verneigen vor der Erde und wir schenken ihr die Lichtenergie, die durch uns fließt. Fußsohlen und Handflächen sind mit der Erde verwurzelt.

4. Tief einatmen -linkes Bein nach hinten strecken, rechtes Bein anwinkeln, Kopf heben, Hals dehnen, Gesicht schaut zum Himmel, Brustkorb nach vorne drücken -öffnen. Es werden die Gedärme massiert.

5. Ausatmen, nun auch das rechte Bein nach hinten strecken, Gesäß heben, sodaß ein verkehrtes V entsteht. Nach Möglichkeit die ganzen Fußsohlen zum Boden bringen, wir dehnen alle Muskeln von den Fersen, über Steißbein, Nackenwirbel bis zu den ausgestreckten Armen.

6. Einatmen. Wir bringen uns in die Kobrastellung. Gesäß sinken lassen, Brustkorb nach vorne drücken -öffnen, Arme gestreckt, Zehen aufgestellt, Gesicht weit nach oben strecken -dem Licht entgegen, Hals wird gedehnt.

7. Ausatmen und flach auf den Boden legen, Zehen, Knie, Brust, Nase berühren den Boden; Unterleib und Hüften heben wir vom Boden weg.
Die Wirbelsäule wird elastisch.

8. Tief einatmen, wie 6.

9. Ausatmen, wie 5.

10. Einatmen. Nun das linke Bein anwinkeln, das rechte zurückstrecken, sonst wie 4.

11. Tief ausatmen, wie 3.

12. Tief einatmen, sich zum Licht hin strecken, Zur Sonne wachsen, wie 2.

13. Ausatmen und die Hände wieder vor der Brust falten. Den Kontakt der Fußsohlen zum Boden spüren und so lange mit dem Beginn des nächsten Zykus warten, bis sich der Atem beruhigt hat. Mit jedem Mal wird es leichter. Es ist empfehlenswert, den Zyklus mindestens 3x pro Übungseinheit zu praktizieren.

DER BEWEGUNGSABLAUF

Die Variante mit den 13 Positionen, die "MOND"-Variante

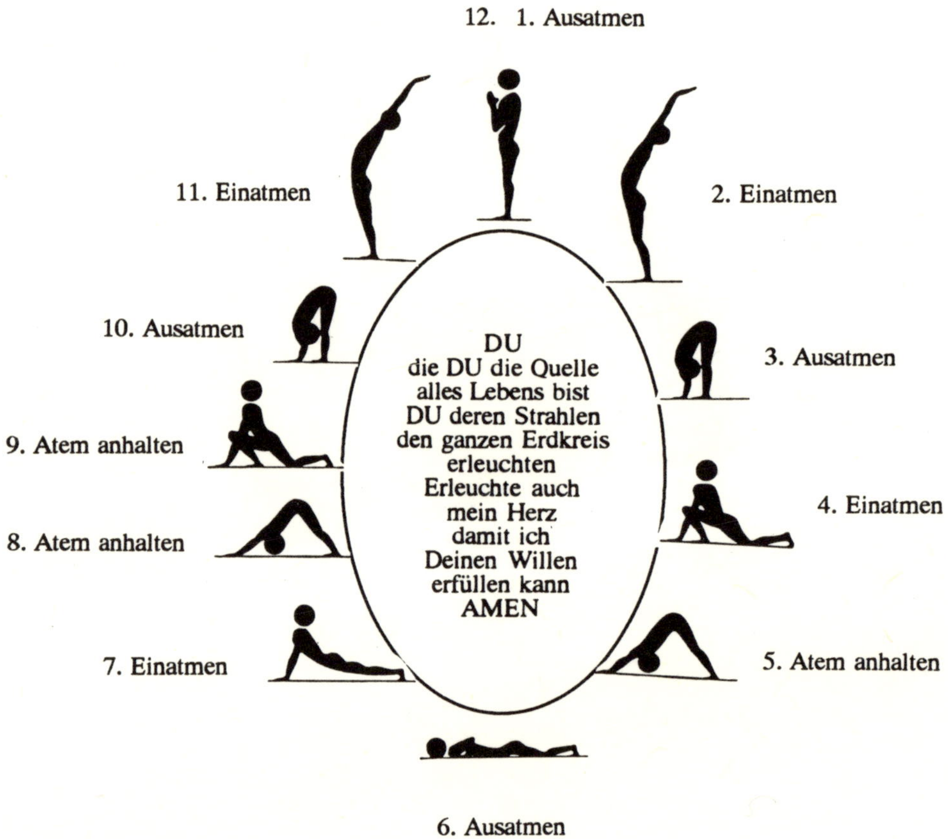

"GRUß AN DIE SONNE"

Traditionelle Form mit 12 Positionen

ANMERKUNGEN

Zur Einleitung:

* *Rebirthing*: Rebirthing ist eine sehr einfache und sanfte Atem-Methode, bei der wir den Einatem mit dem Ausatem zu einem fließenden Atemkreis verbinden. Und das ist grundsätzlich schon alles. Dabei werden sehr unterschiedliche Erfahrungen gemacht. Der Zustand des "Sich wie neugeboren-Fühlens" kann auf körperlicher, emotionaler, geistiger oder spiritueller Ebene erlebt werden. Das vertiefte Atmen und der gleichmäßige Atemrhythmus werden längere Zeit beibehalten und ermöglichen einen direkten Kontakt mit unserer Lebendigkeit und unserer ureigenen Lebensenergie, aber auch mit Blockaden, die wir ihrem freien Fluß entgegenstellen. Der Atem macht uns sensibler für unsere Gefühle, alten Emotionen und einschränkenden Denkprogramme. Schmerzvolle Erlebnisse aus der Vergangenheit, ungelöste Probleme, etc., bei denen wir gewohnheitsmäßig weniger atmen oder den Atem anhalten, werden uns bewußt. Durch Weiteratmen können wir die blockierte Energie lösen und den Raum öffnen für klare Einsichten und eine liebevollere und wahrhaftigere Beziehung zu uns selbst. Körperempfindungen von Wärme, Prickeln und dem Strömen des entfesselten Energieflusses durchfluten den Körper. Rebirthing ist eine Entdeckungsreise in unsere Kraft und in die fruchtige Fülle des Lebens.

Dieser dynamische Wachstumsprozeß sollte auf jeden Fall in Begleitung eines ausgebildeten Rebirthers erfolgen!
Ich selbst bin ausgebildete Rebirtherin und begleite Menschen auf ihrem Atemweg. Wer mehr darüber erfahren will, möge mir schreiben. Ich sende gerne ausführliche Informationen zu!

Zum Kapitel "Die Bilder"

* In: Sri Aurobindo: Savitri. Legende und Sinnbild. Verlag Hinder + Deelmann,1985.
* *Lit. zu Mandala:* José und Miriam Argüelles: Das große Mandala-Buch. Aurum Verlag,1984.
* *Lit. zu Spirale:* Jill Purce: Die Spirale. Symbol einer Seelenreise. Kösel Verlag,1988.
* *Lit. zu Mantra:* vgl: Gerhard Lipold: One Earth Songs. Lieder und Texte Universeller Einheit. Verlag El MUTAMAKU, 1991.

Zu "ich bete":

* Dina Rees: Menschwerden. Gespräche mit Dina Rees. Galli Verlag, 1990.
* *Lit. zu Gebet:* Catherine Ponder: Bete und werde reich. Verlag Peter Erd, 1981.
* zitiert bei Rainer Taeni: Umkehr zur Liebe. Vom Daseinskampf zum Lebenssinn. Theorie und Praxis von Creative Refocus sing, Rebirthing und die Anwendung von Affirmationen.S.72. Verlag EL MUTAMAKU Andrichsfurt 1991.
* *Lit. zu Bejahungen:* R. Taeni: siehe oben; C. Ponder: siehe oben;
  Shakti Gawain: Stell dir vor. rororo,1986; Sondra Ray: Auch lieben will gelernt sein. Verlag Peter Erd, 1991.
* *Ihr seid das Licht der Welt* - Jesus bei Matth. 5,14
* *"Ich atme Gott...":* zitiert bei R. Taeni, siehe oben, S.86, nach Sai Baba
* Rebirthing, siehe oben.

Zu den Texten:

* SAVITRI. nach Sri Aurobindo: Savitri, S.25.

Zu Hatha-Yoga:

* *Lit:* André van Lysebeth: Yoga für Menschen von heute, 1971.

ÜBER DIE AUTORIN

BRIGITTA LIPOLD

Mag. phil. in Europäischer Ethnologie und Kunstgeschichte; freischaffende Künstlerin in Malerei, Graphik, Photographie, Buchillustrationen, Maskenbau, Maskentanz, Textilkunst "Design Delphina"; Ausstellungen im In- und Ausland; Autorin der SCHATZKARTEN und des Buches "Wenn die Zungen flammen"; Seminarleitung in der Erwachsenenbildung mit Tanz, Malerei, Maskenbau; Ausgebildet als Professional Rebirtherin bei Dhyana Yogi (USA) und CREATIVE REFOCUSSING-Trainerin bei Eva und Rainer Taeni (Australien); ausgebildet in Heilmassage und Gesundheitsgymnastik
Rebirthing-Begleitung mit Creative Refocussing in Einzelbetreuung. Ein ausführliches Rebirthing-Info schicke ich gerne auf Anfrage zu!
Kontakt: Brigitta Lipold, A-4754 Andrichsfurt 11

DAS VERLAGSPROGRAMM

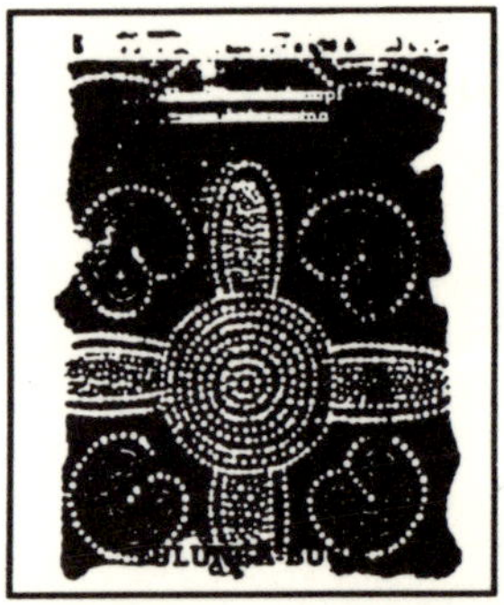

Rainer TAENI: Umkehr zur Liebe

Vom Daseinskampf zum Lebenssinn
Theorie und Praxis von Creative Refocussing
Rebirthing und die Anwendung von Affirmationen

Ein Weg zur Meisterschaft im eigenen Leben

Wer Sinn im alltäglichen Tun, Harmonie in familiären Beziehungen und das Gefühl eines erfüllten Lebens vermißt, kann das jetzt ändern. Wer meint, die eigenen Reserven von Energie, Liebe und Lebensfreude bisher nicht voll zu nutzen, kann sich dieses Potential jetzt erschließen durch Anwenden von CREATIVE REFOCUSSING, einem praktischen Weg, der verschiedene Methoden der humanistischen Psychologie, die Essenz östlicher und christlicher Weisheitslehren und die Heilkraft des Atems zu einer wirkungsvollen Einheit verbindet. Dieses Buch ist das Ergebnis jahrzehntelanger Erfahrung des Psychologen Dr. Rainer Taeni als Seminarleiter, Therapeut und Rebirther und schildert die Grundlagen und den Weg, den Hunderte bereits erlernt haben und zielstrebig gehen - zur ungeahnten Bereicherung ihres alltäglichen Lebens.
Dr. Rainer Taeni (geb. 1933) und Eva Taeni sind unsere - Brigittas und Gerhards- wichtigsten Lehrer. Rainer Taeni lebt in Australien und leitet dort mit seiner Frau Eva das "Yulunga Centre of Light and Healing", wo auch wir bereits Seminare gegeben haben. Im Deutschland der 60er Jahre wurde er bekannt durch die Bücher "Angst-Tabu und die Befreiung"(Rowohlt) und "Fühlen als Therapie".
Wir praktizieren CREATIVE REFOCUSSING in Verbindung mit Rebirthing seit 6 Jahren, und die konkreten Ergebnisse unseres eigenen Lebens sind uns Beweis genug, daß es funktioniert.

Buch.... 224 Seiten ÖS 240,-

direkt beim Verlag EL MUTAMAKU bestellen: A-4754 Andrichsfurt 11

Brigitta LIPOLD

SCHATZKARTEN

Die SCHATZKARTEN sind Verwandte des Tarot, jedoch in ihrer Einfachheit leichter und direkter zu verwenden. Sie sind ein Set aus 78 Karten, die in allgemein verständlichen und gebräuchlichen Begriffen Aspekte des schöpferischen Potentials benennen, das jedem Menschen als vielfältig lebendige Kraft zueigen ist.
Die Zusammenstellung der Begriffe ist das Ergebnis eines Erkenntnisprozesses über die psychologischen, philosophischen und spirituellen Dimensionen des Seins, an dem mehrere "Selbst"-entfaltete Menschen aus verschiedenen Kontinenten der Erde mitgewirkt haben. Die einzelnen Begriffe sind illustriert durch Aquarelle von Brigitta Lipold, die auf intuitivem Weg entstanden sind.
Durch gefühlvolle Kombination von Wort und Bild sprechen die SCHATZKARTEN unsere individuelle Vorstellungskraft an und bieten die Möglichkeit, auf spielerische Weise den Kontakt zu wichtigen Bereichen unseres Lebens zu vertiefen. Im Spiel lenken wir die Aufmerksamkeit auf unsere inneren "Schätze", dorthin, wo unsere Träume, Wünsche und Kräfte darauf warten, gehört, ernstgenommen und aktiviert zu werden.
Es ist ein Spiel, bei dem es keine Verlierer gibt. Es ist ein Spiel zum Genuß und zur phantasievollen Inspiration. Und es ist konkret - denn es schafft Raum und Atmosphäre für schöpferische Selbst-Reflexion und Gespräch, wo wir uns selbst und einander klar wahrnehmen und mitteilen und besser verstehen können.
Die SCHATZKARTEN ermöglichen eine große Anzahl von Spielformen, die im beiliegenden Büchlein beschrieben sind und individuell weiterentwickelt werden können. Man kann sie alleine, mit Partner oder in der Gruppe spielen und auch als bereichernden Bestandteil in Zeremonien und Feste einbauen. Wir verwenden sie mit großer Freude in unseren Seminaren, wo wir alle uns stets sehr angeregt und "erwärmt" fühlen von der Vielfalt an natürlicher Weisheit und Innerem Wissen, die die SCHATZKARTEN aus jedem Menschen hervorlocken.
Immer wieder erleben wir sie als kraftvolle Ermutigung für jedermann und jedefrau, mit den wahren ureigenen Fähigkeiten in Kontakt zu treten, sie zu aktivieren und vertrauensvoll zu nützen für ein erfülltes Leben im Hier und Jetzt. Darin finden die Schatzkarten mittlerweile bei vielen Menschen -Einzelpersonen und Gruppen- mit Begeisterung Verwendung und bilden eine beliebte und erfolgreiche Ergänzung in der Arbeit zahlreicher Rebirther, Therapeuten und Seminarleiter.

Kartenset mit Beiheft, 3. Auflage ..... ÖS 260,-

direkt beim Verlag EL MUTAMAKU bestellen: A-4754 ANDRICHSFURT 11

Gerhard LIPOLD: One Earth Songs

Lieder und Texte Universeller Einheit aus allen Kontinenten der Erde

Das große Lebe-Buch mit Liedern, Tänzen, Bildern und Texten Universeller Einheit aus allen Kontinenten der Erde, mit Schöpfungsmythen der Aborigines und Indianer, Pygmäen und Japaner, alten Griechen und Inder, mit zahlreichen ethnologischen Informationen, z.B. über Entstehung und Verwendung indianischer Kraft-Lieder, die meist geträumt werden. Weitere Kapitel behandeln die Mantra-Praxis in Ost und West, Obertongesang und Vokalmassage, das Mandala-Prinzip der Selbstentfaltung, das Yin & Yang, den Integralen Medizinkreis der vier Elemente, die Kraft des Loslassens, den Weg des Herzens......
Es ist ein spirituelles Buch, das große Weisheitstraditionen dieser Erde in ihrer Essenz vereint, die sich ausdrückt durch Wahrheit, Einfachheit und Liebe und durch sprühende Lebensfreude, die aus jeder Seite singt, spricht, blickt und tanzt.

Buch, mit über 100 Illustrationen ÖS 280,-

Gerhard LIPOLD: One Earth Songs

3 MUSICASETTEN MIT ALLEN SONGS AUS DEM BUCH

Mit Gerhard Lipold; Gesang, Djembe, Gongtrommel, Harfe, Koto, Dulcimer, Gitarre, Didjeridu, diverse Flöten und Kalimbas, Steeldrum, Sonnengong, Bendir-Mond-Trommel, Rantang-Bambusxylophon, Baß-Monochord, Rasseln und Atem....
Weiters das Weltmusik-Ensemble MANDALA, das Elementaria-Orchester, die Stimmen des GERSHWIN-ENSEMBLES; von BRIGITTA LIPOLD und ELFE WINTERSTEIGER, von INDIANERN und ABORIGINES, von der mächtigen Brandung des Pazifischen Ozeans, vom Sturmwind am Wollumbyn, dem heiligen Vulkanberg der australischen Eingeborenen, von Fröschen und Vögeln des Regenwaldes mit Spezialauftritt der sprechenden Kakadus CHARLIE und COOKIE, sowie die Stimmen und das Atemrauschen von 300 Menschen während eines ONE-EARTH-SONGS-Happenings.
Alle Aufnahmen mit digitaler Studiotechnik

1 MC .... ÖS 160,-

Gerhard LIPOLD: One Earth Songs

im Set - 1 Buch & 3 MCs ....ÖS 690,-

direkt beim Verlag EL MUTAMAKU bestellen: A-4754 ANDRICHSFURT 11

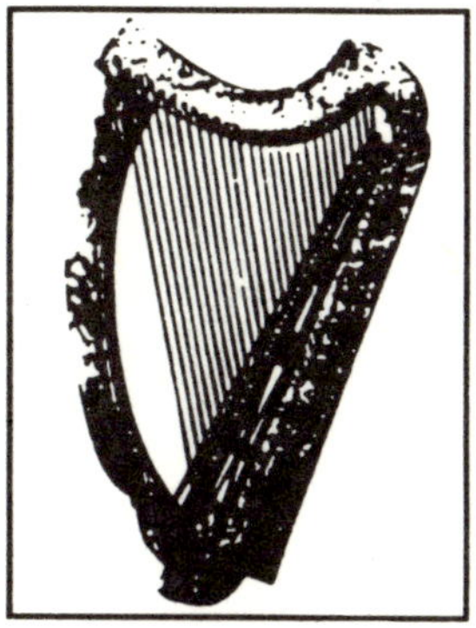

MC /CD Gerhard Lipold MANDALA

Melodiöse Weltmusik zwischen Europa, Asien und Südamerika mit dem legendären Quartett: GERHARD LIPOLD; Keltische Harfe, Klavier, Tibetanische Klangschalen, Obertonflöte, Anklung; PETER HERBERT; Kontrabaß, Anklung; HEINRICH VON KALNEIN; Querflöte, Sax, Anklung; PETER ROSMANITH; Tablas & Latin Percussion

MC ..... ÖS 160,-
CD ..... ÖS 260,-

MC RETURN TO SOURCE

Ein Dokument einer einzigartigen Begegnung, die die amerikanische Sängerin ASCENTIA (Opernsängerin mit Wurzeln im Black Jazz) und den Intuitiv-Musiker GERHARD LIPOLD auf eine ungeahnte Reise nach Innen führte und die beiden Musiker -so fühlten sie im Augenblick des Musikgeschehens- mit dem ewigen Urquell schöpferischer Kraft und Universeller Lebensenergie in Verbindung brachte. Es entstand eine tief archaische Meditationsmusik, eine akustische Vision matriachaler Mythen, mit chinesischen Gongs, Trommeln, Bambusflöten, Harfe und der mächtigen und vielfarbigen Stimme von ASCENTIA.

MC .... ÖS 160,-

MC / Arbeitsbuch NARRENTÄNZE

Eine spritzige Folk & Joke-Fusion mit 12 Medleys aus irischen und bretonischen Tanzmelodien auf Akkordeon, Banjo, Bouzouki, Tin Whistles, Mundharmonika, Xylophon, Kastagnetten, Löffel u.v.a. Überraschungen.
Dazupassend ein Arbeitsbuch mit 12 lustigen schul- und festivalbewährten Gruppentänzen, die von jedem leicht zu erlernen sind. Buch und MC werden von vielen Gruppenleitern und Lehrern mit Erfolg und Spaß verwendet.

MC .... ÖS 160,-
Arbeitsbuch ÖS 50,-

MC KLANGMANTRAS

Meditationsmusik mit Tibetanischen Klangschalen und Somasandawa.
Dauer: 80 min.

Tibetanische Klangschalen sind kunstvoll handgetriebene Schalenglocken, die mit Holzstäben durch Reiben und Anschlagen zum Schwingen gebracht werden. Sie werden im Fernen Osten in der Tempelmusik und als Meditationshilfe verwendet und wegen ihrer entspannenden und harmonisierenden Wirkung auch in der modernen westlichen Musiktherapie mit Vorliebe eingesetzt.
Das Somasandawa ist ein 2 Meter langes Baß-Monochord, das von unserem Freund Hans-Peter Klein speziell für Klangmassagen entwickelt wurde. Die 26 gleichgestimmten Saiten erklingen im "Sonnenton", jener durch die Oktavierung für das menschliche Ohr hörbar gemachten Schwingungsfrequenz des Umlaufs der Erde um die Sonne, dem "Klang des Lichts" für alle Erdenwesen.

MC .... ÖS 180,-

MC Elfe Wintersteiger BUKAWATÉ

"Bukawaté" ist das Zauberwort des großen Raben, der uns einen wunderbaren Meditationsgesang schenkte.
Elfe Wintersteiger, die virtuose klassische Pianistin, hat aus diesem Lied eine kleine Klavier-Symphonie gemacht, eine musikalische Malerei, die den weiten Flug des blauschwarzen Vogels erspüren läßt.
Neben eigenen Werken enthält diese einstündige Piano-MC mehrere Kompositionen von Gerhard Lipold in der Interpretation von Elfe Wintersteiger, deren inspirierendes Klavierspiel an große Improvisatoren wie Keith Jarrett und Claude Debussy erinnert.

MC .... ÖS 160,-

MC EARTHDANCE

African Roots Percussion
mit Gerhard Lipold und Clemens Bauer

Eine energetisierende Trommelmusicassette, die speziell für Dynamische Tanzmeditationsformen konzipiert ist. Ausgehend von einem ruhig pulsierenden Einstieg führt die Musik die Tanzenden in einem natürlichen Bogen bis zur frei-ekstatischen Bewegung, wo die Menschen selbst zum Tanz werden können, um schließlich ruhig fließend auszuklingen. Die Musik endet in der Stille, aber der kraftvolle Fluß der Lebensenergie bleibt noch lange im Körper spürbar.
Diese MC wird auch von vielen Rebirthern zur Atembegleitung verwendet.

MC .... ÖS 160,-

direkt beim Verlag EL MUTAMAKU bestellen: A-4754 Andrichsfurt 11